第17回

# 京都検定　問題と解説

1級・2級・3級 >> 全263問

## CONTENTS

## 本書の内容と表記について

・漢字表記や送り仮名については「記者ハンドブック新聞用字用語集 第13版」(共同通信社発行) および「京都新聞社校閲基準」に準拠しています。

・人名、地名など固有名詞については、一般的に通用している名称や読み仮名を採用しています。

・出典によって固有名詞の読み仮名が異なる場合は、可能な限り（　）内に併記しています。

・人物の後に記載している年代は基本的に生没年を示しています。

・設問の選択肢で解説の必要がないものは省略しています。

・社寺、施設などの解説や読み仮名については、可能な限り当該団体の説明に基づいています。

・試験問題の表記については、原則として原文の通り掲載しています。

# 試 験 概 要

| 実施予定日 | 7月第2日曜日・12月第2日曜日（7月は3級のみ） |
|---|---|
| 受験資格 | 学歴・年齢・性別・国籍等の制限はありません。<br>※但し、受験票等の郵便物を日本国内で受け取ることができ、京都商工会議所が指定する誠験会場で受験可能な方<br>※1級受験は2級合格者に限ります |
| 出題範囲 | 歴史、史跡、神社、寺院、建築、庭園、美術、伝統工芸、伝統文化、花街、祭と行事、京料理、京菓子、ならわし、ことばと伝説、地名、自然、観光 等、京都に関すること全般 |
| 程度<br>京都の歴史・文化などについて | 3級 基本的な知識レベル　　70%以上の正解をもって合格<br>2級 やや高度な知識レベル　　70%以上の正解をもって合格<br>1級 高度な知識レベル　　80%以上の正解をもって合格<br>　　（1級試験の70%以上80%未満の正解をもって準1級に認定） |
| 受験料<br>（税込）<br>3級と2級は併願可 | 3級　3,850円<br>2級　4,950円<br>1級　7,700円 |
| 試験会場 | 京都市内および東京都内（7月は京都市内のみ） |
| お問い合わせ | 京都商工会議所　会員部 検定事業課<br>TEL：075-341-9765（9：00〜17：00　土日祝休）<br>〒600-8565 京都市下京区四条通室町東入 京都経済センター<br>E-mail：kyotokentei@kyo.or.jp<br>URL ：https://www.kyotokentei.ne.jp/ |

# 試験実施結果　　第17回京都検定

第17回京都・観光文化検定試験（通称：京都検定）は令和2年12月13日に実施され、下記の結果となりました。

合格基準は、2・3級は70%以上、1級は80%以上の正解率です。

1級内の（　）の値は、準1級認定の数値です。

| 受験級 | 受験申込数 | 受験者数 | 合格者数 | 合格率 | 最高点 | 平均点／満点 |
|---|---|---|---|---|---|---|
| 1級(準1級) | 861 | 784 | 68(106) | 8.7% | 146 | 75.6／150 |
| 2級 | 2,302 | 2,069 | 873 | 42.2% | 96 | 65.3／100 |
| 3級 | 3,176 | 2,841 | 2,168 | 76.3% | 100 | 79.2／100 |
| 合計 | 6,339 | 5,694 | 3,215 | — | — | — |

※申込者の●%が受験

## ■ 男女比率 (受験者数)

男性 **59.1**% (3,748名)　　女性 **40.9**% (2,591名)

## ■ 年代別合格率 (受験者数・合格者数)

| 年代 | 1級 (準1級) | | | 2級 | | | 3級 | | |
|---|---|---|---|---|---|---|---|---|---|
| | 受験者数 | 合格者数 | 合格率 | 受験者数 | 合格者数 | 合格率 | 受験者数 | 合格者数 | 合格率 |
| ～19 | 1 | 0(0) | — | 29 | 10 | 34.5% | 561 | 184 | 32.8% |
| 20～29 | 13 | 1(3) | 7.7% | 255 | 67 | 26.3% | 641 | 467 | 72.9% |
| 30～39 | 41 | 5(3) | 12.2% | 207 | 58 | 28.0% | 314 | 276 | 87.9% |
| 40～49 | 80 | 6(5) | 7.5% | 406 | 146 | 36.0% | 458 | 418 | 91.3% |
| 50～59 | 190 | 16(20) | 8.4% | 566 | 243 | 42.9% | 484 | 453 | 93.6% |
| 60～69 | 292 | 23(50) | 7.9% | 421 | 237 | 56.3% | 275 | 267 | 97.1% |
| 70～79 | 155 | 15(24) | 9.7% | 171 | 104 | 60.8% | 99 | 95 | 96.0% |
| 80～ | 12 | 2(1) | 16.7% | 14 | 8 | 57.1% | 9 | 8 | 88.9% |

※最年長合格者…87歳（3級）
最年少合格者…7歳（3級）

## ■ 申込者 (都道府県別・地方別)

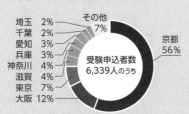

埼玉 2%
千葉 2%
愛知 3%
兵庫 3%
神奈川 4%
滋賀 4%
東京 7%
大阪 12%
その他 7%
京都 56%

受験申込者数 6,339人のうち

| | | | |
|---|---|---|---|
| 近畿 | 4,928 | 北陸 | 29 |
| 関東 | 985 | 東北 | 20 |
| 中部 | 273 | 四国 | 16 |
| 中国 | 42 | 北海道 | 14 |
| 九州 | 31 | 沖縄 | 1 |

## ■ 職業別合格率 (受験者数・合格者数)

### 1級 (準1級)

| | 大学生・短大生・専門学校生 | ホテル・旅館 | 旅行会社・ガイド | 教育・情報サービス | サービス業その他 | 小売業 | 卸売業 | 建設業・不動産 | 製造業 | 運輸・通信業 | 飲食業 | 金融・保険業 | 電気・ガス・水道業 | 公務員 | その他 | 主婦・無職 | 無回答 |
|---|---|---|---|---|---|---|---|---|---|---|---|---|---|---|---|---|---|
| 受験者数 | 5 | 20 | 41 | 38 | 47 | 23 | 11 | 30 | 46 | 34 | 4 | 38 | 5 | 46 | 105 | 288 | 3 |
| 合格者数 | 1 (0) | 2 (1) | 5 (5) | 3 (4) | 7 (6) | 3 (3) | 0 (0) | 3 (2) | 5 (7) | 0 (0) | 0 (0) | 2 (6) | 0 (0) | 3 (7) | 4 (14) | 30 (51) | 0 (0) |
| 合格率(%) | 20.0 | 10.0 | 12.2 | 7.9 | 14.9 | 13.0 | 0.0 | 10.0 | 10.9 | 0.0 | 0.0 | 5.3 | 0.0 | 6.5 | 3.8 | 10.4 | 0.0 |

### 2級

| | 高校生・中学生・小学生・大学生・短大生・専門学校生 | ホテル・旅館 | 旅行会社・ガイド | 教育・情報サービス | サービス業その他 | 小売業 | 卸売業 | 建設業・不動産 | 製造業 | 運輸・通信業 | 飲食業 | 金融・保険業 | 電気・ガス・水道業 | 公務員 | その他 | 主婦・無職 | 無回答 |
|---|---|---|---|---|---|---|---|---|---|---|---|---|---|---|---|---|---|
| 受験者数 | 15 | 77 | 142 | 122 | 74 | 166 | 114 | 34 | 66 | 148 | 170 | 14 | 144 | 22 | 140 | 275 | 343 | 3 |
| 合格者数 | 6 | 21 | 34 | 52 | 27 | 66 | 47 | 14 | 31 | 67 | 62 | 4 | 48 | 12 | 61 | 112 | 207 | 2 |
| 合格率(%) | 40.0 | 27.3 | 23.9 | 42.6 | 36.5 | 39.8 | 41.2 | 41.2 | 47.0 | 45.3 | 36.5 | 28.6 | 33.3 | 54.5 | 43.6 | 40.7 | 60.3 | 66.7 |

### 3級

| | 高校生・中学生・小学生・大学生・短大生・専門学校生 | ホテル・旅館 | 旅行会社・ガイド | 教育・情報サービス | サービス業その他 | 小売業 | 卸売業 | 建設業・不動産 | 製造業 | 運輸・通信業 | 飲食業 | 金融・保険業 | 電気・ガス・水道業 | 公務員 | その他 | 主婦・無職 | 無回答 |
|---|---|---|---|---|---|---|---|---|---|---|---|---|---|---|---|---|---|
| 受験者数 | 503 | 168 | 253 | 126 | 64 | 162 | 162 | 26 | 67 | 138 | 209 | 15 | 251 | 82 | 145 | 220 | 244 | 5 |
| 合格者数 | 146 | 124 | 179 | 106 | 60 | 145 | 144 | 24 | 57 | 132 | 180 | 9 | 214 | 71 | 138 | 200 | 235 | 4 |
| 合格率(%) | 29.0 | 73.8 | 70.8 | 84.1 | 93.8 | 89.5 | 88.9 | 92.3 | 85.1 | 95.7 | 86.1 | 60.0 | 85.3 | 86.6 | 95.2 | 90.9 | 96.3 | 80.0 |

# 3級

問題と解答・解説
100問

**問1**　平安京は四神相応の地に造られたといわれるが、西に配されるのはどれか。

ア 青竜　　　　　イ 白虎

ウ 朱雀　　　　　エ 玄武

　四神相応の地で西に配置されるのは白虎である。四神とは、東西南北を守護する霊獣のことで、東は青龍、南は朱雀、北は玄武となる。四神は、陰陽の秩序を整え、邪悪なものを避ける神で、青龍は青い竜、白虎は白い虎、朱雀は朱色の聖鳥、玄武は黒色の亀に蛇が巻き付いた霊獣である。

　これら四神は、前後左右に均等配置された自然地形と対応させ、具現化された。その中心部は空間的に安定し、万物が繁栄する場所としての吉土で、その土地のことを「四神相応之地」という。平安京の地勢を四神に当てはめると、玄武は船岡山、青龍は鴨川、朱雀は巨椋池、白虎は山陰道といわれている。

　四神の図像＝イラスト＝は弥生時代から日本に伝来していたが、その概念については不十分な理解で、図像情報のみが大陸から伝わったとみられる。奈良県明日香村の高松塚古墳やキトラ古墳の四神の壁画は、方位にあわせて配置されており、飛鳥時代には四神の概念や機能が理解されていたことが分かる。

1 解答
イ 白虎

問
2

平安遷都ののちに、羅城門の西側に二大官寺として東寺と対称の位置に創建された寺院はどこか。

⑦ 西寺　　　　　　　　④ 大覚寺
⑨ 高山寺　　　　　　　① 毘沙門堂

**西寺**である＝写真は跡碑＝。西寺は、東寺と共に国家鎮護・皇室繁栄を祈って造営された寺院である。九条大路に南面し、その範囲は東西二町（約250メートル）・南北四町（約510メートル）に及び、現在の唐橋西寺公園一帯にあった。南大門、中門、金堂、講堂、食堂と一直線上に南から北へと配置される。東寺・西寺共平安京造営当初から存在したが、やがて東寺は空海に下賜される。西寺は国家の法事、国忌が執り行われる国家管理の寺であった。これまでの発掘調査から、東寺と左右対称の伽藍配置であったことが明らかとなってきている。令和2年（2020）の史跡西寺跡の発掘調査では講堂跡から須弥壇跡が検出されたが、東寺のものより一回り小さいことが分かった。

**大覚寺**は右京区嵯峨野にある真言宗大覚寺派大本山の寺院。嵯峨天皇の離宮・嵯峨院が前身である。**高山寺**は右京区梅ケ畑栂尾町にある寺院。元真言宗御室派。**毘沙門堂**は天台宗の門跡寺院。現在山科区にあるが、もとは上京区にあった。

2 解答
⑦ 西寺

問
3

平安末期に平氏一族の邸宅があり、承久の乱ののちに鎌倉幕府が朝廷の監視や洛中の警護のために出先機関を置いた地はどこか。

**ア** 嵯峨 **イ** 御室
**ウ** 大原 **エ** 六波羅

　平氏一門の邸宅や鎌倉幕府の出先機関があった地は、**六波羅**＝写真は跡碑＝である。平清盛の祖父・正盛は京都に進出した際に六波羅に邸宅を置いたのであるが、これは新興の武士がいきなり平安京の中に住むことはできなかったからだと推定される。平氏の隆盛と共に、六波羅も平氏の本拠地の一つとして最盛期には3200余に及ぶ一門の屋敷が立ち並んでいたという。平氏滅亡後は鎌倉幕府の六波羅探題が置かれた。

　**嵯峨**は平安京の西郊の景勝地で、平安時代の嵯峨上皇の嵯峨院（現・大覚寺）や、鎌倉時代の後嵯峨上皇の亀山殿といった離宮が置かれた。**御室**には宇多天皇によって仁和寺が造営され、関連の寺院を含めた巨大な宗教空間を作り上げた。**大原**は平安京の北郊で、文徳天皇の皇子である惟喬親王や、安徳天皇の母である建礼門院平徳子などの隠棲の地として知られ、平安時代より大原の寺院を政所として統轄していた三千院が本坊を移設した。

**3 解答**
**エ** 六波羅

**1** 歴史・史跡に関する記述について、最も適当なものを⑦〜⑤から選びなさい。

**問4**

花の御所を造営して、諸大名への支配を強め、室町幕府の最盛期をつくった三代将軍は誰か。

⑦ 足利義詮　　　⑦ 足利義満

⑦ 足利義教　　　⑤ 足利義政

足利氏の将軍の御所は、初代尊氏のときには下京の二条高倉第や、内裏（土御門内裏）の南側の鷹司東洞院第であり、二代**義詮**のときには下京の三条坊門第であった。三代将軍**義満**は上京の北小路室町に室町殿を営み、それを将軍御所とした。この邸は庭園の豪華さから「花の御所」とも通称されている＝写真は跡碑＝。これにより、足利氏の家督継承者の正式の称号は「室町殿」となり、それにちなんで足利氏の政権も「室町幕府」と呼ばれるようになった。義満は将軍職を退いてからは衣笠山の麓に「北山殿」を営み、それは義満の死後に寺院に改められた。これが鹿苑寺（金閣寺）である。

**足利義教**は室町幕府の六代将軍で、当初は三条坊門殿、のちには室町殿を御所とした。**足利義政**は義教の子で八代将軍となると、相国寺の南の烏丸殿や室町殿を御所とし、将軍退任後には如意ヶ岳の麓に「東山殿」を造営した。これを義政の死後に寺院に改めたものが慈照寺（銀閣寺）である。

4 解答
⑦ 足利義満

問5 応仁・文明の乱で、東軍を率いた細川勝元と敵対し、「西陣」という地名の由来となった西軍を率いた人物は誰か。

⑦ 細川政元　　　　　　　① 畠山政長

⑰ 山名宗全　　　　　　　① 京極持清

室町幕府第八代将軍足利義政は弟の義視を将軍の後継者に指名し、その後見役は幕府の管領であった**細川勝元**が務めることになった。しかしその直後、義政と妻の日野富子との間に実子の義尚が誕生し、幕府の有力大名であった**山名持豊**（出家して**宗全**）は富子と義尚に加担した。さらに、有力大名の畠山氏や斯波氏における家督争いも絡まり合って応仁・文明の乱が勃発する＝写真は西陣の碑＝。乱において、東軍の中心は細川勝元、西軍を率いたのは山名宗全であった。

**畠山氏**においては、家督を巡って畠山持国の庶子の義就（ヨシナリとも）と、その従兄弟の**政長**とが争っていた。応仁元年（1467）に政長が御霊神社（上御霊神社）の森で挙兵したことが応仁・文明の乱の発火点となる。細川政元は勝元の嫡男で長く管領をつとめ、さらに明応の政変で足利十代将軍義材（義稙）を追放して義澄を擁立、政権を掌握した。**京極持清**も有力大名のひとりで、応仁・文明の乱では東軍に属して活躍した。

5 解答
⑰ 山名宗全

**問 6**

豊臣秀吉が、市街地を囲むかのように造営した全長約23キロの長大な土塁は何か。

ア 御土居　　　　　　　　イ 聚楽第

ウ 太閤堤　　　　　　　　エ 太閤塀

天正19年（1591）上半期、前年に全国統一をなした豊臣秀吉は、京都全域を囲む土塁と堀を構築した。国の史跡名によって、一般には土塁部分のみを指して「**御土居**」＝写真＝と呼ばれるが、豊臣政権が発した史料には「洛中惣構」や「土居堀」などとある。戦国時代、上京・下京、山科本願寺の寺内町など、畿内の自治都市の外郭に構築された惣構の延長上の施設と理解すべきである。洛中洛外の境界を視覚的に示したもの、朝鮮出兵中の首都防衛、鴨川・紙屋川の洪水対策などと評価される。

**聚楽第**（じゅらくだい）（ジュラクテイとも）は豊臣政権の本拠として秀吉が洛中西端に築いた城郭。後陽成天皇の行幸を2度もあおいだ。**太閤堤**は、宇治橋（宇治市）の北側で近年発見された石積みの堤防遺構である。保存され「宇治川太閤堤跡」の名で国の史跡に指定された。**太閤塀**は、秀吉の死後、後継者秀頼が再建した東山大仏殿（方広寺）を中心とした妙法院、三十三間堂、祥雲寺（兄鶴松の菩提寺）などを含む広い寺院の外

郭。現在三十三間堂の南を画した部分のみ残る。重文に指定されている。

**6 解答**
ア 御土居

問7 徳川家康が、京都の警護と将軍上洛の際の宿所とするため造営したのはどこか。

⑦ 鳥羽殿　　　　　　　⑦ 西八条第
⑦ 二条城　　　　　　　① 修学院離宮

　慶長５年（1600）の関ヶ原の戦いの勝利によって政権を掌握した徳川家康は、その翌年より京都の拠点として新たな城郭の築城にとりかかった。これが現在の**二条城**である。二条城は同８年（1603）に完成し、征夷大将軍となった家康はここに入って政権の基礎固めを行った。ただ、当時の二条城は、現在の二の丸を中心とする範囲であって、現二条城の３分の２ほどの大きさであった。寛永３年（1626）、大御所徳川秀忠（二代将軍）と三代将軍家光のもと、二条城は後水尾天皇の行幸を迎えることになり、それに先立って本丸の新造と二の丸御殿の大改修などが行われ、城も現在の規模になった。

　**鳥羽殿**は平安時代後期、白河上皇が平安京の南郊の鳥羽の地に営んだ離宮で、鳥羽離宮ともいう。**西八条第**は平清盛の平安京内における拠点で、清盛の妻の時子邸を中心として平家一門の邸宅が集まっていた。現在の梅小路公園および付近がその跡地である。**修学院離宮**は江戸時代前期に後水尾天皇の離宮として営まれた。

7 解答
⑦ 二条城

**1** 歴史・史跡に関する記述について、最も適当なものをア〜エから選びなさい。

**問 8**

慶応3年（1867）11月、潜伏していた坂本龍馬が殺害された醤油商の屋号はどれか。

ア 寺田屋
イ 酢屋
ウ 近江屋
エ 池田屋

主家にあたる土佐藩の藩邸が河原町通蛸薬師下ル東側にあったため、坂本龍馬はその向かいにあった醤油商**近江屋**井口新助方に住んでいた＝写真は近江屋跡碑＝。大正6年（1917）の川田瑞穂の調査によれば、慶応3年（1867）春までに、至近の河原町通車道（現・龍馬通）の材木商**酢屋**中川嘉兵衛方から近江屋に移っていたとされる。つまり大政奉還の折も近江屋に居住していたことになるが、同年6月24日付姉・乙女などに宛てた龍馬書翰によって同時期には酢屋に住んでいたことが確実である。春以後もしばらくは酢屋を住居としていた。

**寺田屋**は伏見南浜の船宿で、龍馬の定宿として知られる。主人は寺田伊助だが当時は亡くなっており、妻・登勢が女将として運営していた。慶応2年1月、宿泊中に伏見奉行所役人に襲撃されたが、当地の薩摩藩邸に庇護され難を逃れた。

**池田屋**は三条小橋西詰北側の旅籠で、元治元年（1864）6月、京都守護職会津藩所属の新選組に襲撃された。龍馬は当

時江戸におり、当所の襲撃事件とは無関係である。

8 解答
ウ 近江屋

**1** 歴史・史跡に関する記述について、最も適当なものを⑦～①から選びなさい。

**問9**

慶応4年（1868）の正月に始まり、戊辰戦争の発端となった戦いはどれか。

⑦ 禁門の変　　　　　① 八月十八日の政変
⑦ 猿ヶ辻の変　　　　① 鳥羽・伏見の戦い

　慶応3年（1867）12月9日の政変（王政復古政変）で前将軍徳川慶喜は新政府から排除された。10万石以上の大名たちはこれに理解を示さず、上京要請に応じなかった。有力藩が支持しない新政府は中央政権として存在できない。岩倉具視らは慶喜の参加を認めざるを得なくなった。ところが同じく政局から排除された京都守護職・松平容保や所司代・桑名定敬の復権は絶望的だった。両者は強引に慶喜から政変の主導者薩摩藩を討てという命令書を得て大坂から進撃した。これが京都南郊、**鳥羽・伏見の戦い**で薩摩勢らと戦端を開く＝写真は鳥羽伏見戦跡碑＝。これが翌年5月の箱館戦争まで続く戊辰戦争の始まりである。

　**猿ヶ辻の変**は、文久3年（1863）5月に起きた公家姉小路公知暗殺事件。**八月十八日の政変**は、同年孝明天皇の意を受けた薩摩藩や会津藩主導の、長州藩と三条実美ら過激な公家を政局から排除した事件。この勢力挽回のため、翌元治元年

（1864）、長州勢が失地回復を目指して禁裏に迫った戦争が、**禁門の変**（甲子戦争）である。

9 解答
① 鳥羽・伏見の戦い

**1** 歴史・史跡に関する記述について、最も適当なものを⑦〜①から選びなさい。

**問10**

青年技術者・田邉朔郎を起用して琵琶湖疏水事業を推進した第三代京都府知事は誰か。

⑦ 長谷信篤　　　　　④ 北垣国道
⑦ 高木文平　　　　　① 西郷菊次郎

**北垣国道**（きたがきくにみち）（1836〜1916）＝写真＝である。明治14年（1881）に京都府知事に就任した北垣は、事実上の東京遷都で衰退していた京都の復興策として、琵琶湖疏水計画の実施に着手する。琵琶湖の水を水路とトンネルによって京都に引き、物資輸送や農業用水、水力発電など多目的に利用する計画で、巨額と難工事を伴う一大土木工事である。工事を担う責任者に、琵琶湖疏水に関する卒業論文を書き、工部大学校（現・東京大学）を卒業したばかりの若き技師である**田邉朔郎**（1861〜1944）を採用している。北垣の慧眼といえる。工事は5年に及び、事故による犠牲者を出すなど苦難の末に明治23年に完成した。このあと、電力や水の需要が増したことで第2疏水の建設に乗り出したのが、第二代京都市長となっていた**西郷菊次郎**（さいごうきくじろう）（1861〜1928）である。疏水の延長によって電力量が増え、日本初の路面電車を走らせることができた。実現に奔走し、電鉄会社の社長になったのが**高木文平**（たかぎぶんぺい）（1843〜1910）であった。**長谷信篤**（ながたにのぶあつ）は、初代京都府知事である。

**10 解答**
④ 北垣国道

問
11

京都三珍鳥居の一つで、三柱鳥居がある神社はどこか。

ア 愛宕神社　　　　　イ 梅宮神社
ウ 蚕の社　　　　　　エ 飛行神社

　右京区太秦にある**蚕の社**は秦氏が建立したと伝えられる。秦氏は7世紀ごろに太秦を本拠とした渡来系氏族で、土木・養蚕・機織・染織など高度な技術を持っていたとされる。蚕の社は摂社である養蚕神社の通称。京都三珍鳥居の一つとされる三柱鳥居＝写真＝は、三方がいずれも正面になるように柱が三角形に組み合わされている。ほかの三珍鳥居は、一つは北野天満宮内で、菅原道真の母を祀る伴氏社の蓮華座鳥居。もう一つは、京都御苑内の九条池にある厳島神社に立つ唐破風鳥居（重要美術品）である。

　八幡市にある**飛行神社**はライト兄弟に先駆けて有人飛行機「玉虫型飛行器」を考案したものの、資金難から実現できなかった二宮忠八（1866〜1936）が大正4年（1915）に創建。航空安全と航空事業の発展を祈願した。

　**愛宕神社**は俗に、3歳までに詣でると一生火難を免れるといわれる神社。7月31日から8月1日にかけて愛宕神社に参拝する「千日詣り」は、別名「通夜祭」ともいう。

　右京区にある**梅宮神社**は酒解神を祀り、子宝・安産の神社としても有名。

11 解答
ウ 蚕の社

**2** 神社・寺院に関する記述について、最も適当なものを ア〜エ から選びなさい。

**問12** 弓矢の神、戦勝の神として武家の信仰を集め、国宝の本殿が八幡造で知られる神社はどこか。

ア 石清水八幡宮　　　イ 三宅八幡宮
ウ 北野天満宮　　　　エ 吉田神社

3級

　**石清水八幡宮**＝写真＝の鎮座する男山は、木津川・宇治川・桂川が合流し、淀川となる地点を挟んで天王山と対峙する位置にあり、京・難波間の交通の要所。また、南北朝時代のさまざまな戦いや、羽柴秀吉と明智光秀の天王山の合戦など、政治上の重要な拠点でもあった。社殿は山上にあるため、参拝用のケーブルカーが設置されている。社殿は江戸幕府三代将軍家光の造替によるもので、現存する八幡造の本殿の中で最古かつ最大規模。「八幡造（はちまんづくり）」とは、宇佐八幡宮が代表的な建築様式で、切妻造・平入りの外殿（礼殿）と内殿（正殿）が前後に立てられ、その間を「相の間」で連結する形式。平成28年（2016）、本殿や楼門など10棟と附棟札（つけたりむなふだ）3枚が国宝に指定された。境内は国の史跡。

　**三宅八幡宮**は左京区上高野にあり、子どもの守り神として知られる。通称「虫八幡」。子どもの疳の虫を封じ、害虫駆除にもご利益があるとされる。

　左京区の**吉田神社**の本宮は、切妻造・妻入り、丹塗で正面に階隠（はしかくし）の庇をつけた春日造となっている。

2級

1級

12 解答
ア 石清水八幡宮

| 問 13 | 「京の台所」と呼ばれる市場の東端に位置し、鳥居の上部の両端が建物の中に入り込んでいることでも知られる神社はどこか。 |

⑦ 下御霊神社 　　　　　 ⑦ 白山神社

⑦ 五條天神宮 　　　　　 □ 錦天満宮

「錦の天神さん」として現在も親しまれている**錦天満宮**＝写真＝は、10世紀初頭、菅原道真の生家・菅原院に創建された。京都市内の中心部にある約200坪の境内には四季折々の花が咲き、良質な名水として有名な錦の水が湧出している。

**下御霊神社**は御霊八所神を祀り、江戸時代には御所の鎮守としての役割も有する。

平安時代末期に加賀・白山比咩神社の神徒および永平寺等の僧達が神輿3基を担いで朝廷に強訴したが、願いはかなえられず帰郷した。その際に放棄していった神輿のうちの1基を人々が祀ったのが**白山神社**である。

**五條天神宮**は、祭神の少彦名命が薬の神であるため、医家・医薬の祖神として信仰を集めてきた。

13 解答
□ 錦天満宮

神社・寺院に関する記述について、最も適当なものをア〜エから選びなさい。

西行桜で有名な勝持寺は、花の寺として親しまれている。この寺で出家したと伝わり、歌人として知られる僧侶は誰か。

ア 喜撰

イ 西行

ウ 遍昭

エ 素性

「花の寺」と呼ばれる勝持寺は、平安時代末期の歌人で鳥羽上皇の北面の武士だった**西行**（俗名・佐藤義清）が出家した寺としても知られる。寺伝によると、創建は白鳳時代にさかのぼり、延暦10年（791）に最澄が桓武天皇の勅を得て伽藍を再建したという。西行はここで庵を結び、桜を植え育ててそれを愛でた。今に残る「西行桜」（現在のものは3代目）で、毎年美しい花を咲かせ続けている。

**喜撰**は平安時代の歌人で六歌仙の一人。生没年不詳で、残された歌も確かなものは古今集の1首のみ。紀貫之の変名だとか、桓武天皇の末裔だなどとさまざまな説が伝わる。**遍昭**も六歌仙の一人で、俗名・良岑宗貞。蔵人頭を務め従五位上に上ったが、仁明天皇の崩御により出家した。**素性**は遍昭の子で、父と共に宮廷に関係する歌人・僧侶として活躍した。三十六歌仙の一人。

3級

2級

1級

14 解答
イ 西行

**問 15**

聖徳太子ゆかりの寺で、国宝第一号として知られる弥勒菩薩半跏思惟像がある寺院はどこか。

⑦ 三千院 　　 ⑦ 広隆寺

⑦ 神護寺 　　 ☐ 六波羅蜜寺

　聖徳太子建立七大寺の一つで、「太秦の太子堂」とも呼ばれる広隆寺は、『日本書紀』によると推古天皇11年（603）の創建で、渡来系氏族の首長である秦河勝が聖徳太子から賜った仏像を本尊として自らの本拠地に建てた蜂岡寺を起源とする。平安時代の2度の火災により伽藍は焼失したが、創建以来仏像は無事で、河勝が賜った仏像とされる弥勒菩薩半跏思惟像は飛鳥時代を代表する仏像として、国宝第1号に指定された。

　三千院は天台宗三門跡の一つで、境内地にある往生極楽院には国宝の阿弥陀三尊像が安置される。

　神護寺は本尊の薬師如来立像のほか、傑作として名高い「伝源頼朝像」などの肖像画3幅と、現存最古の両界曼荼羅図「高雄曼荼羅」など、数多くの国宝を有する。

　六波羅蜜寺は、本尊で空也上人自刻という十一面観音立像が国宝に指定されているが、重文の空也上人立像、平清盛坐像も、それに劣らないほどの抜群の知名度を持つ。

15 解答
⑦ 広隆寺

**問 16**

応仁・文明の乱をはじめ幾多の戦禍を免れた本堂（国宝）が市街地現存最古の木造建築物で、12月の大根焚きでも有名な、千本釈迦堂の通称で知られる寺院はどこか。

ア 相国寺 　　　　　イ 本法寺
ウ 大報恩寺 　　　　エ 妙蓮寺

千本釈迦堂の通称でよく知られる**大報恩寺**＝写真＝は、承久3年（1221）に求法上人義空が小堂を建てて仏像を安置したのが始まりで、その後、倶舎・天台・真言3宗の弘通道場として繁栄した。応仁・文明の乱など数々の戦禍を奇跡的に免れた本堂（国宝）は、安貞元年（1227）の建立で、京都の市街地では現存最古の木造建築という。境内には、本堂造営を陰で助けた大工の棟梁の妻・阿亀の伝説をしのばせる「おかめ塚」が残る。12月に行われる「大根炊き」も、大勢の参拝者が集う師走の風物詩である。

**相国寺**は京都五山第二位の格式を誇る臨済宗相国寺派の大本山。**本法寺**は日蓮宗本山で将軍足利義教の怒りにふれ、焼けた鍋を頭に被らされた「鍋かむり日親」ゆかりの寺。**妙蓮寺**は本門法華宗の大本山。境内では、妙蓮寺椿や10月から翌春4月ごろまで花をつける御会式桜が彩りを添える。

3級

2級

1級

16 解答
ウ 大報恩寺

**問 17**

鎌倉末期に宗峰妙超が創建し、豊臣秀吉が織田信長の葬儀を行った寺で、千利休の帰依を受けて以来、茶道との関わりが深い寺院はどこか。

ア 大徳寺　　　　　　　　イ 相国寺
ウ 建仁寺　　　　　　　　エ 天龍寺

　北区紫野、船岡山の北に、臨済宗大徳寺派の大本山**大徳寺**が寺地を占める。応仁・文明の乱後、五山派の寺院が衰退する中、独自の禅風を保持しながら、新興の武将や商人の帰依と支持を集めた。連歌師宗長による三門の造立に続いて、大友義鎮や三好義継らの戦国大名が塔頭を創建、また豊臣秀吉が織田信長の葬儀を行い、信長の菩提所である総見院が営まれると、秀吉や有力武将によって天瑞寺や黄梅院、三玄院などが相次いで建立された。

　もともと（村田）珠光の一休への参禅を機縁とし、その後の茶の湯流行の背景として本寺は存在感を放ち続ける。千利休も笑嶺宗訴や春屋妙葩らに参禅したが、天正17年（1589）に修造された三門（金毛閣）の閣上に自身の影像を安置したことで秀吉の怒りを買い、京都追放の後、切腹を命ぜられたことはあまりにも有名である。境内の塔頭にはそれぞれの創建に関わる大名らの墳墓はもちろんのこと、ゆかりの茶室を伝えるところも少なくない。

17 解答
ア 大徳寺

**2** 神社・寺院に関する記述について、最も適当なものを⑦～①から選びなさい。

**問18**

門前に「迷子道しるべ」と刻んだ石標が立つ、新京極にある寺院はどこか。

⑦ 誓願寺　　　　　　④ 永観堂

⑨ 知恩院　　　　　　① 滝口寺

　新京極通の真ん中に位置する誓願寺（せいがんじ）は、浄土宗西山深草派（せいざんふかくさは）総本山である。『都名所図会』（安永9年〈1780〉刊行）によると、現在より広大な6500坪の境内に塔頭寺院が18カ寺ある大伽藍だった。芝居小屋や見世物小屋が集まる歓楽街で、「誓願寺へ行く」といえば遊びを意味するほどに寺町界わいは洛中一ににぎわっていた。まだ警察のなかった江戸時代末期～明治時代中期に迷子が深刻な社会問題となり、各地の社寺や盛り場に石柱「迷子道しるべ」＝写真は誓願寺石標＝が建てられ、この石に紙を貼って情報交換した。

　永観堂（えいかんどう）は、浄土宗西山禅林寺派（せいざんぜんりんじは）総本山である。寺に東山の旧居を寄進した藤原関雄（ふじわらのせきお）は、『古今和歌集』に「奥山の岩垣紅葉散りぬべし　照る日の光　見る時なくて」という歌を残した。これは境内東側の「岩垣もみじ」を詠んだもので、古から紅葉の名所として名高かった。

　知恩院は浄土宗総本山である。大鐘は日本三大梵鐘の一つ

で、除夜には重さ約70トンという巨大な鐘を17人の僧侶が独特な方法で撞く。
滝口寺（たきぐちでら）は浄土宗寺院で、『平家物語』で知られる、平重盛家臣・斎藤時頼（さいとうときより）（滝口入道）と建礼門院の侍女・横笛（よこぶえ）の悲恋を伝える。

18 解答
⑦ 誓願寺

**2** 神社・寺院に関する記述について、最も適当なものを ア〜エ から選びなさい。

**問 19** 西国三十三所観音霊場第十番札所であり、アジサイやツツジの名所としても知られる宇治にある寺院はどこか。

ア 廬山寺 　　　　　　イ 三室戸寺
ウ 法金剛院 　　　　　エ 乙訓寺

　西国三十三所観音霊場第十番札所の**三室戸寺**（みむろとじ）＝写真＝は宝亀元年（770）に光仁天皇が創建した勅願寺。宮中に毎夜霊光が現れる奇瑞があり、光仁天皇が光の源を探らせると、たどり着いた清浄の地に千手観音が現れ、身の丈一尺二寸（約36センチ）の尊像に姿を変えた。喜んだ天皇は御室を移して尊像を祀り、御室戸寺としたのが寺の起こりだという。天正元年（1573）の槇島合戦で多くの子院を失ったが、苦難の時期を乗り越えて今に至り、5千坪の大庭園に咲き誇るアジサイやツツジの名所として人気を集めている。

　**廬山寺**（ろざんじ）はその邸宅址だとされる紫式部ゆかりの寺で、境内「源氏庭」に千株が咲き競う「キキョウの寺」でもある。待賢門院が再興した**法金剛院**（ほうこんごういん）は「青女の滝」の庭園と共に、「ハスの寺」の呼び名で知られる。早良親王幽閉の地として、また空海が別当を務めたことなどで歴史に名を残す**乙訓寺**（おとくにでら）は、奈良の長谷寺や当麻寺と並ぶ「ボタンの寺」として名高い。

**19 解答**
**イ 三室戸寺**

問
20

西国三十三所観音霊場第十六番札所であり、断崖に立つ高さ13メートルの舞台造の本堂（国宝）が有名で、今年（2020）、檜皮葺（ひわだぶき）の大屋根が新しくなった寺院はどこか。

ア 穴太寺　　　　イ 成相寺

ウ 醍醐寺　　　　エ 清水寺

　西国三十三所観音霊場第十六番札所で、断崖に立つ舞台造の本堂で有名な **清水寺**（きよみずでら）は、この地に鹿狩りに来た坂上田村麻呂が修行中の僧に殺生を戒められ、夫人と共に千手観音像を造って堂を建てたのが始まりとされる。境内には、洛陽三十三所観音霊場の第十番から第十四番までの札所（善光寺堂、奥の院、本堂、朝倉堂、泰産寺）があり、観音様の御利益を求めて連日多くの人が訪れる、観音信仰の聖地である。

　ほかも西国三十三所観音霊場で、**穴太寺**（あなおうじ）（亀岡市）は「身代わり観音」の説話が残る第二十一番札所。文武天皇勅願の **成相寺**（なりあいじ）（宮津市）は第二十八番札所で、日本三景の天橋立を一望できる景勝地にある。**醍醐寺**（だいごじ）は、貞観16年（874）に聖宝（理源大師）が笠取山（醍醐山）の山上に草庵を結び、准胝（じゅんてい）・如意輪の両観音を造っておさめたのを起源とし、醍醐天皇や豊臣秀吉の支援を得て栄えてきた。西国三十三所観音霊場第十一番札所。

3
級

2
級

1
級

**20 解答**
エ 清水寺

問 21

中央の寝殿と周囲の対からなる平安時代の貴族住宅で、御所の紫宸殿などにその姿が偲ばれる建築様式は何か。

ア 書院造 イ 寝殿造
ウ 数寄屋造 エ 流造

**寝殿造**は、平安時代に完成した貴族の住宅形式。基本的には寝殿(正殿)を中心に東・西・北に対が設けられ、それぞれの屋舎が渡殿などと呼ばれる廊下などで連結される。主要な建物は檜皮葺で、開口部に蔀戸をつり、出入口に妻戸を用いる。寝殿の南は儀式のための白砂敷きの南庭が設けられ、その先に橋の架かる池が広がる。東西の対からは中門廊が南にのび、その南端には池に臨んで釣殿や泉殿が置かれる。

**書院造**は、住宅形式の一つで、寝殿造を原形とし、鎌倉・室町時代の過渡期を経て桃山時代に完成した。寝殿造と異なり、母屋と庇の区分が無く、畳が敷き詰められ、角柱、障子、襖などが用いられる。

**桂離宮**の松琴亭を代表とする建築様式を**数寄屋**造という。数寄屋造の数寄屋とは、茶室だけでなく、茶室のもつ自由闊達な建築の手法を取り入れた建物をいい、無装飾、面皮柱などが特徴。16世紀末に出現し、身分差を越えて流行し、貴族や大名の別荘のほかに料理茶屋などにも用いられた。

21 解答
イ 寝殿造

**3** 建築・庭園・美術に関する記述について、最も適当なものを ア～エ から選びなさい。

問 22

「鰻の寝床」と呼ばれる京町家で、採光や通風を目的として家屋の中ほどに小さく設けられるものは何か。

ア 犬矢来　　　　イ 鍾馗
ウ 坪庭　　　　　エ バッタリ床几

　京町家で採光や通風を目的に設けられているのは**坪庭**＝写真はイメージ＝で、「ウナギの寝床」といわれる京町家の細長い構造ゆえの工夫である。エアコンや扇風機がない昔、蒸し暑い京都の夏を過ごすには家の中に風を通す必要があり、大概の家が建物の間に坪庭を配していた。表と裏とでは日が当たる時間と光量にずれができ、家屋内の襖や障子を開け放しておけば、日が多く当たっている庭の空気は暖められて上昇し、一方の庭から風が家の中を通る。まさに京都の気候と家の構造を逆手に取った生活の知恵にほかならない。両隣を挟まれるように建つ京町家にとって坪庭は、家の中を少しでも明るくする効果もあり、常緑樹や石灯篭などを配置することで、住人の心を和ませる小宇宙にもなっている。

　**犬矢来**（いぬやらい）は町家の外壁や腰を犬の放尿や泥はねなどで汚さないようした割竹状の防護柵。**鍾馗**（しょうき）は屋根の上に設置してある瓦製の家の守り神。**バッタリ床几**は普段、軒下にへばりつく

ようにしまってあるが、使うときにバッタリと引き倒すのでその名がある。

22 解答
ウ 坪庭

**問 23**

明治42年（1909）に武田五一の設計で建てられたルネサンス風の近代建築で、現在、その正面外壁を再利用している岡崎の施設は何か。

☐ 同志社女子大学栄光館　　☐ 京都市役所本庁舎
☐ 京都大学百周年時計台記念館　☐ 京都府立図書館

**京都府立図書館**＝写真＝は、明治42年（1909）に開館した。武田五一による設計で、平成12年（2000）に改築されたが、2層目まで正面外壁が保存された。改築以前は、煉瓦造3階建のマンサード屋根（屋根勾配が2段階に変わる屋根の形式）を持つ建築であった。

**同志社女子大学栄光館**は、昭和7年（1932）の建築で、設計は同じく武田五一。鉄筋コンクリート3階建で、全面中央に八角形の塔屋が載る。

**京都市役所本庁舎**は、中野進一と武田五一による設計で、東半分は昭和2年、西半分は昭和6年に建てられた。鉄筋コンクリート4階建、外壁は腰部分に粗い表面仕上げの自然石を貼り、その上部はモルタル洗い出し仕上げ。

**京都大学百年時計台記念館**は、武田五一の設計で大正14年（1925）に建築された。時計台をもつ鉄筋コンクリート造で、地上2階、地下1階、外壁は焦げ茶色のタイルが貼られている。

**23 解答**
☐ 京都府立図書館

3 建築・庭園・美術に関する記述について、最も適当なものをア〜エから選びなさい。

**問 24**

旧京都中央電話局の建物を活用して再開発し、今年（2020）6月にリニューアルオープンした烏丸三条にある複合施設の名称は何か。

ア 新風館　　　　　　　　イ SUINA室町
ウ LAQUE四条烏丸　　　エ 立誠ガーデン ヒューリック京都

旧京都中央電話局は、大正15年（1926）に第1期が建築され、昭和6年（1931）に増築された。その後平成13年（2001）に大正時代の建物の一部（西側と北側の1スパン）を保存して改修がなされて、**新風館**＝写真＝として活用することとなり、令和2年（2020）6月にリニューアルオープンした。大正時代における設計は当時の逓信省（郵便や通信を管轄する中央官庁）の吉田鉄郎（1894〜1956）であり、モダニズム建築の先駆者のひとりとして、多くの逓信建築を設計した。

**立誠ガーデン ヒューリック京都**も、令和2年6月に竣工した建築で、元立誠小学校の校舎を保全・再生した既存棟と、それにデザインを調和させた新築棟から構成されている。立誠小学校は、昭和2年3月竣工で当時の京都市建築課の設計である。玄関を半円アーチで飾るのは、当時全国的によく用いられたモチーフの一つとされる。

24 解答
ア 新風館

問
25

虎渓の庭と呼ばれる特別名勝庭園や、現存最古の能舞台（国宝）がある世界遺産の寺院はどこか。

ア 大覚寺

イ 平等院

ウ 大仙院

エ 西本願寺

　虎渓（こけい）の庭と称される国指定の特別名勝の庭園があるのは**西本願寺**である。虎渓の庭は西本願寺の大書院の東面に位置する枯山水である。護岸石組を施した白砂敷きの枯池に、同じく護岸石組を巡らせた亀島と鶴島を配する。大書院から見て左手奥には枯滝石組を据え、そこから渓流が枯池に流れ下る様相が表現される。また枯池北岸から亀島、亀島から鶴島へは４メートルにも及ぶ花崗岩切石の反石橋を架け、鶴島から枯池東岸へは自然石の石橋を架ける。明快な空間構成や大ぶりで色彩豊かな石を多数用いる手法、ソテツの群植などは、桃山時代の庭園らしい豪華な雰囲気を感じさせ、書院造庭園の代表である。

　虎渓とは中国の名所である廬山（ろざん）の虎渓のことで、慧遠法師が廬山にいたとき、訪ねてきた詩人の陶淵明（とうえんめい）、道士の陸修静（りくしゅうせい）を送りながら、話に夢中になって、日ごろ渡るのを避けていた虎渓の橋を過ぎてしまったことに虎の声を聞いて初めて気が付き、３人で大笑いしたという「虎渓三笑」の故事をふまえる。

25 解答
**エ** 西本願寺

**3** 建築・庭園・美術に関する記述について、最も適当なものをア〜エから選びなさい。

問 26 南禅寺近くにある別荘庭園群のうち、無鄰菴（むりんあん）庭園を所有したのは誰か。

ア 山県有朋　　　イ 田中源太郎

ウ 松下幸之助　　エ 大河内傳次郎

無鄰菴（むりんあん）は山県有朋（やまがたありとも）（1838〜1922）の京都別邸で、その庭園＝写真＝は近代庭園の代表的な庭師である七代目小川治兵衛（植治・うえじ）の作庭による。

山県は明治維新期の長州藩出身の軍人、政治家で、陸軍大将や元帥（げんすい）、総理大臣を務めた。一方で、作庭に深い興味をもち、自らの指揮で、無鄰菴、椿山荘（ちんざんそう）（東京）、古希庵（神奈川）などの庭園を築造した。無鄰菴は明治27年（1894）、実業家久原庄三郎の監督のもと、南禅寺の近くに建てられ、小川治兵衛の施工により作庭が開始された。東山山麓南禅寺の立地を生かしたもので、東山との連続性、琵琶湖疏水から導水して造った浅く軽快な流れと池、明るく広い芝生など、周辺景観との一体化に重点が置かれた構成と意匠である。

**田中源太郎**（1853〜1922）は政治家、実業家で、亀岡の生家には、七代目小川治兵衛が作庭した庭園がある。現在はがんこ亀岡楽々荘として営まれている。

**大河内傳次郎**（おおこうちでんじろう）（1898〜1962）は、日本の映画俳優で、嵯峨野に大河内山荘を造営した。

26 解答
ア 山県有朋

**問 27** 東福寺方丈や光明院、松尾大社などの庭園を手掛けた昭和を代表する作庭家は誰か。

⑦ 田中泰阿弥　　　　　　　① 小島佐一
⑦ 重森三玲　　　　　　　　① 中根金作

　**重森三玲**（1896～1975）は、昭和10年代に登場した、庭園の芸術性を標榜した作庭家である。昭和11～14年に全国の庭園実測を実施し、昭和14年に『日本庭園史図鑑』（全26巻・上下巻含む）として大成した。伝統的な庭園の実測・研究という活動を通じて独自の庭園史観を抱き、伝統に学びつつ「永遠のモダン」を目指した。その作風は、抽象化志向に基づきながらもテーマ性をもつ絵画的手法に依拠したイメージ表現であり、素材のもつ自然性に従属せず、創作的意図を旨とするとされる。代表作として東福寺方丈八相の庭、岸和田城八陣の庭などがある。

　**田中泰阿弥**（1898～1978）は、新潟出身の作庭家で、幼名は泰治。慈照寺庭園などに出入りした。

　**小島佐一**（1908～78）は、松尾の庭匠「植為」五代目で、雑木をもちいた庭園を多く手がけた。

　**中根金作**（1917～95）は、「昭和の小堀遠州」とも称された昭和期の代表的造園家、作庭家。妙心寺退蔵院の余香苑などでも名を知られている。

**27 解答**
⑦ 重森三玲

**3** 建築・庭園・美術に関する記述について、最も適当なものをア〜エから選びなさい。

晩年に「天橋立図」（国宝）を描いたことで知られ、今年（2020）生誕600年を迎えた水墨画の大家は誰か。

ア 雪舟　　　　　　イ 如拙

ウ 明兆　　　　　　エ 周文

　室町時代後期の禅僧画家、雪舟（せっしゅう）（1420〜1506）が正解。備中赤浜（現・岡山県総社市）の生まれ。早くに上洛して相国寺に入り、春林周藤に師事、絵は周文（しゅうぶん）に学んだ。青年期の経歴は不明だが、日明貿易の拠点として栄えていた周防（すおう）（現・山口県）の大内氏に招かれ、その庇護のもと雲谷庵（うんこくあん）で制作に没頭。応仁元年（1467）に遣明船で中国に渡り、2年間にわたって名作に触れ、画法などを学んで帰国。大分で画房を営み、山口の雲谷庵を再興して旺盛な画業を展開後、各地を旅して独自の画風を開いた。「天橋立図」は82歳頃に現地を訪れた形跡があり、最晩年の傑作で代表作の一つ。

　如拙（じょせつ）（生没年不詳）は室町時代前期の相国寺の画僧。国宝「瓢鮎図」（ひょうねんず）（退蔵院蔵）の作者。

　明兆（みんちょう）（1352〜1431）は東福寺の禅僧画家。代表作に「五百羅漢図」や巨幅の「大涅槃図」（ねはんず）。

　周文は室町時代中期の相国寺の画僧。如拙に学び、室町幕府の御用絵師も務めた。雪舟の師。

**28 解答**
**ア 雪舟**

問 29

養源院にあるユニークな白象や唐獅子などの杉戸絵を描いた絵師は誰か。

ア 海北友松

イ 俵屋宗達

ウ 曽我蕭白

エ 石田幽汀

　京都市東山区にある養源院は浄土真宗寺院。淀殿（淀君）が父・浅井長政の菩提を弔うため文禄3年（1594）に創建。火災で焼失後、徳川秀忠の正室であり、淀殿の妹・崇源院が伏見城の遺構を移して再建した。襖絵「松図」、杉戸絵「唐獅子図」「白象図」などは全て桃山・江戸時代初期の画家、俵屋宗達が描いた。宗達の生没年は不詳だが、京都の富裕な町衆の出身。本阿弥光悦との合作などを通して明るく伸びやかな描写と大胆な装飾美が調和した琳派の作風を創始。養源院杉戸絵の「唐獅子図」や「白象図」は奇抜、斬新な表現で宗達絵画の独創性を物語る。「風神雷神図」などと並ぶ代表作。
　海北友松（1533〜1615）は安土桃山、江戸時代初期の画家。建仁寺方丈の障壁画群で知られる。
　曽我蕭白（1730〜81）は江戸時代中期の京都の画家。自由奔放な生き方と画風を貫き、奇怪狂態的な道釈人物画を描いた。
　石田幽汀（1721〜86）は江戸時代中期の画家。京狩野の鶴沢探鯨に学ぶ。円山応挙の師。

29 解答
イ 俵屋宗達

問 30
絹製の五臓六腑などが胎内に納められていたことで有名な釈迦如来立像（国宝）を本尊とし、嵯峨釈迦堂と通称される寺院はどこか。

⑦ 廬山寺 ⟶ ⑦ 東寺

⑦ 浄瑠璃寺 ⟶ ① 清凉寺

　嵯峨釈迦堂とも呼ばれるのは清凉寺（せいりょうじ）。通称は本尊の釈迦如来立像（国宝）に由来。東大寺の僧、奝然（ちょうねん）が永観元年（983）に入宋、仏跡巡礼中に出会って感銘した釈迦像を現地の仏師に模刻させ、日本に請来した。もとはインドの優塡王が37歳の釈迦の生身の姿を彫らせた木像で、中国にもたらされた尊像という。異国風の特色ある姿と三国伝来のいわれが釈迦像の評判を高めた。奝然は請来した像を祀る釈迦堂を建てようとしたが果たせぬまま入寂、高弟盛算（じょうさん）の尽力で実現したのが清凉寺の始まり。国宝指定のための昭和28年（1953）の調査で、像内から絹製の五臓をはじめ奝然の造立記など多数の胎内納入品を発見、伝来の正しさが証明され、全て国宝指定された。強い尊崇を集め同じ様式の清凉寺式釈迦像が多数造られた。

　廬山寺（ろざんじ）は天台圓浄宗の大本山。現在の境内地は紫式部の邸宅址と伝える源氏庭には「紫式部邸宅址」の石碑が立つ。

　東寺は東寺真言宗総本山。正式には教王護国寺という。平安遷都ほどなく創建され、空海に下賜されて真言密教の根本道場となった。

　浄瑠璃寺（じょうるりじ）は木津川市加茂町にある名刹。本堂の九体阿弥陀如来坐像（国宝）が有名。

30 解答
① 清凉寺

問 31

もとは仏教とともに伝来した経巻を仕立てることに始まり、現在でも掛軸や屏風、襖絵などに用いられる経済産業大臣指定の伝統的工芸品はどれか。

ア 京刃物　　　　　　　イ 京漆器
ウ 京表具　　　　　　　エ 京人形

　仏教と共に伝来した経典の巻物を仕立てることに始まる伝統的工芸品といえば「**京表具**」＝写真はイメージ＝。歴史は平安時代にさかのぼる。襖や壁装、書画など美術品を表装するのに用いられ、本体の価値を最大限引き出す技と美的センスが問われるのが京表具の特徴。それゆえに使用する紙は手すき和紙で、裂地（きれじ）は天然素材の織物。糊は正麩糊（しょうふのり）、布糊（ふ）、にかわか同等の材質のもの、木地についても材を限るなど、とことん素材にこだわる。技法も同様で、掛軸や巻物については、乾燥や裏打ちの仕方が、襖や屏風、衝立、額装についてもやり方が細かく決まっており、歴史に裏付けられた確かな技である。貴重な文化財の修復にも生かされている。

　**京刃物**も有名で、京都の伝統工芸の裏方として欠かせない存在。**京漆器**は洗練された美意識と精緻な技法で高級品はほかの追随を許さない。**京人形**には雛人形をはじめ多種の人形があり、熟練の技に支えられている。

31 解答
ウ 京表具

**問 32** 各宗派の大本山が集中している京都で、門前に京仏壇や京仏具の老舗が軒を連ねているところはどこか。

ア 大徳寺門前　　　イ 先斗町界わい

ウ 三条通界わい　　エ 東西本願寺門前

　各宗派の大本山が多く集まる京都市内には、約250軒の仏壇・仏具店がある。全国に1500万人以上の信徒を持つといわれる**東西本願寺**の**門前**＝写真は西本願寺門前界わい＝には特に多くの店が軒を連ねる。東西本願寺へ参拝に訪れる信徒が多いのも仏壇・仏具店が集中する理由の一つだが、かつて両本願寺が建立される以前の平安時代中期に活躍した仏師定朝（じょうちょう）の子または弟子と伝わる覚助（かくじょ）が創設した工房「七条仏所（しちじょうぶっしょ）」が七条通にあったことも一因とみられている。定朝の一族が居住していたほか、仏壇・仏具の製作に欠かせない鋳物師、鍛冶師、金銀細工師など多くの職人も周辺に住みついていたことが、平安時代中期の学者藤原明衡（ふじわらのあきひら）の著『新猿楽記（しんさるがくき）』に記されており、この辺りは仏壇・仏具の職人の町になっていたようだ。

　当時、作られていた仏壇は寺院用で、家庭用は江戸時代初期に宗門改めの制度が出来たことで普及していった。千年以上の歴史を持つ京仏壇・京仏具は、それぞれの職人技の集大成である「総合工芸」として最高の品質を誇っている。

32 解答
エ 東西本願寺門前

**問33** 紀貫之が編さんの中心となったとされる、我が国はじめての勅撰和歌集は何か。

⑦ 古今和歌集　　　　　⑦ 千載和歌集
⑦ 後撰和歌集　　　　　⊆ 拾遺和歌集

　天皇または上皇、法皇の命で編纂した歌集を勅撰和歌集と呼び、平安時代から室町時代まで計21集を数える。**古今和歌集**は、その最初に編まれたもの。醍醐天皇の勅により紀貫之、凡河内躬恒、壬生忠岑らが撰者を務め、成立は延喜5年（905）、あるいは同8年、同13年ともいう。20巻・約1100首を収め、理知的で婉曲、優美な表現が特色。

　**後撰和歌集**は古今集に次ぐ2番目の勅撰集。天暦5年（951）、村上天皇の勅により清原元輔、紀時文らが1420首余りを撰した。成立年代は未詳。**拾遺和歌集**は花山法皇の寛弘2年（1005）から同4年（1007）頃にかけ成立した。撰者は花山法皇説が有力で、約1350首を収録する。7番目の**千載和歌集**は、後白河法皇の院宣を受け文治4年（1188）に成立した。撰者は藤原俊成（シュンゼイとも）で約1280首。勅撰和歌集は、特に最初の3編（古今、後撰、拾遺）を三代集、古今集から8番目に成立した新古今和歌集までを八代集、それ以降の歌集を十三代集と呼ぶ。

33 解答
⑦ 古今和歌集

**4** 芸術・文化に関する記述について、最も適当なものを ア～エ から選びなさい。

問
34
千宗旦の四男・仙叟宗室が興し、今日庵と呼ばれる茶室がある茶道家元はどれか。

ア 表千家　　　　　　　　イ 裏千家
ウ 武者小路千家　　　　　エ 藪内家

　千宗旦の「床なし一畳半」の台目畳の先に向板を加えたものが、仙叟宗室によって受け継がれた今日庵で、**裏千家**の代名詞ともなっている。天明8年（1788）の大火に罹災したものの、翌年には隣接する又隠・寒雲亭に続いて修復され、利休200回忌の茶事が執り行われた。11代玄々斎の時代の増改築によって、現在の構造がほぼ完成したと考えられる。なお、今日庵や又隠を含む裏千家住宅は重文に指定され、令和2年（2020）夏、約150年ぶりに大規模な保存修理工事が竣工した。ちなみに今日庵の庵号は、古渓和尚の語「不審花開く、今日の春」により、**表千家**不審菴につづいて名づけられたものという説もある。

　**武者小路千家**一翁宗守が設けた茶室官休庵は、内部は同じく一畳台目ながら、道具畳と客畳との間に幅五寸一分（約15センチ）の半板を入れ、視覚的・機能的な余裕を主客に持たせるよう工夫されているところに変化と特徴がある。**藪内家**の茶室燕庵は古田織部から贈られたものと伝える。初代剣仲紹智の妻が織部の妹であるという縁による。

**34 解答**
イ 裏千家

**4** 芸術・文化に関する記述について、最も適当なものをア～エから選びなさい。

**問 35** 二代池坊専好が大成した、豪壮な客殿にふさわしい大瓶のいけばなを何というか。

ア 供華　　　　　イ 立華
ウ 生花　　　　　エ 抛入花

仏教が日本列島に伝わると同時に、仏に花を供えるという風習（供華）（供花）も伝わった。『華厳経』『法華経』といった経典の名に見られるように、仏教と花（華）はもとより縁が深く、供華は寺院の日常に欠かせないものとなった。

南北朝時代から室町時代にかけて、中国大陸や朝鮮半島からさまざまな文物が輸入されるようになると、それらを飾り付けるスペースとして押板（床の間の前身）が生まれ、青銅器や陶磁器に季節の花を挿して客をもてなすことが広く行われた。その後、次第に花の姿かたちに工夫が凝らされるようになり、江戸時代初期に二代池坊専好が、客殿などの床の間に飾る**立華**（立花）＝写真＝として大成した。池坊が六角堂（頂法寺）の僧侶であることを考えると、供華が発展して立華になったとも解釈できる。

一方、立華より軽やかな花も室町時代から行われ、江戸時代前期には**抛入花**の名で流行した。これが同時代中期から後期にかけて姿かたちを整え、**生花**（セイカとも）と呼ばれるようになった。

**35 解答**
**イ 立華**

4 芸術・文化に関する記述について、最も適当なものをア〜エから選びなさい。

問
36

岡崎の京都国立近代美術館の南に位置し、能舞台には堂本印象の描いた松がある能・狂言の観覧施設はどこか。

ア 平安神宮　　　　　　イ 京都観世会館
ウ 祇園会館　　　　　　エ ギオンコーナー

設問に並ぶ4つの施設のうち、能・狂言の観覧施設は**京都観世会館**＝写真＝である。こちらは京都観世会の能楽堂で、昭和33年（1958）の開館時、京都出身の画家・堂本印象（1891〜1975）が松を描いた。

**ギオンコーナー**は、祇園甲部歌舞練場の隣の弥栄会館内にあって、さまざまな日本の伝統芸能に観光客が気軽に触れて楽しめる施設となっている。

**祇園会館**は、京都の花街で唯一秋に開催される祇園をどりの会場となる。祇園東歌舞会の芸舞妓らの晴れ舞台である。11月に開催されるをどりの期間以外は、かつては映画館であったが、現在は「よしもと祇園花月」として、よしもとの京都の舞台となっている。

**平安神宮**では、6月1日と2日に京都薪能が行われる。これは特設舞台での野外演能で、京都の初夏の風物詩である。

36 解答
イ 京都観世会館

| 問 37 | 室町時代に成立した狂言で、江戸時代に山脇和泉元宜が流儀を確立し、禁裏への参勤を主として京都で活動を続け、京流とも呼ばれた流派はどれか。 |

ア 大蔵　　　　　　　　　　イ 鷺

ウ 和泉　　　　　　　　　　エ 茂山

　この問題は狂言の流派を問うており、専門的で少々難しいが、実は前回の出題と関連している。

　前回は、京都の狂言の家である茂山（しげやま）家についての出題であった。茂山家の流派は大蔵（おおくら）流。狂言の流派は、江戸時代には大蔵・鷺（さぎ）・和泉（いずみ）の３流があり、京都では禁裏（きんり）への参勤を主とする和泉流が活躍し、京流と呼ばれていた。中でも和泉流の流儀を確立したとされる山脇和泉元宜（やまわきいずみもとよし）は尾張徳川家に召し抱えられ、後の代に名古屋へ移った。和泉流ではほかに野村又三郎（またさぶろう）家、三宅藤九郎（とうくろう）家が京都で活動を続けていたが、明治維新を境に、宗家の山脇和泉家と共に東京に移ってしまった。

　大蔵流も宗家は東京で、現在は茂山家だけが京都にいる。

　鷺流は宗家が絶えた後、民間伝承として継承され、山口県では文化庁の無形文化財となって保存会が活動している。

37 解答
ウ 和泉

## 問 38

幕府から公許された四条河原の七ヵ所の常設芝居小屋のうち、現在も存続しているところはどこか。

ア　南座
イ　京都劇場
ウ　春秋座
エ　出町座

　出雲の阿国の「かぶき踊り」に始まり、京の四条河原に芝居小屋が並び始めたのは江戸時代初めのことである。やがて、7つの常設芝居小屋が幕府より公許されたのが元和年間（1615～24）。こうして四条河原の歌舞伎小屋が隆盛を極めていくが、幕末には北座と南座＝写真＝の2座だけとなっていた。その後、明治時代に北座が姿を消して、残った南座が京都唯一の歌舞伎劇場として今日まで続いている。

　京都劇場は、京都駅ビルにあって、劇団四季をはじめとする演劇、ミュージカルなどの公演が行われている。

　春秋座は、京都芸術大学（左京区・旧 京都造形芸術大学）内にある劇場で、わが国では珍しい大学運営による本格的な劇場といえる。

　出町座は、庶民的な出町桝形商店街（上京区）の中にある映画館・カフェ・書店が一体となった複合文化施設。シネマ

トグラフが日本で初めて映された地に建つ元・立誠小学校（中京区）内で運営されていた立誠シネマプロジェクトの事業を引き継いでいる。

38 解答
ア　南座

4 芸術・文化に関する記述について、最も適当なものをア～エから選びなさい。

**問39**

京都五花街の中で、春には「鴨川をどり」、秋には「水明会」が開催される花街はどこか。

ア 祇園甲部
イ 宮川町
ウ 先斗町
エ 上七軒

　京都には**祇園甲部**、**宮川町**、**先斗町**、**上七軒**、祇園東の五花街がある。各花街では春と秋に、芸舞妓による舞踊の公演が行われている。祇園甲部においては、春に約1カ月にわたって「都をどり」を、秋に「温習会」を上演する。京舞井上流による品格のある舞台である。宮川町では春の「京おどり」、秋の「みずゑ會」で雅な歌舞を披露。上七軒では春の「北野をどり」、秋の「寿会」にて粋な舞台を繰り広げる。祇園東では11月に「祇園をどり」を開演し、錦秋の京都を彩る。

　先斗町では毎年5月1日から24日まで、先斗町歌舞会が主催する「鴨川をどり」を開催する＝写真は先斗町界わい＝。創演は明治5年（1872）で、五花街の中でも最多公演回数を誇る。現行の内容は、舞踊劇と純舞踊の二部構成。京都の春景色と競うかのような華やかな舞台で、国内外の観客を魅了する。会期中、会場には立礼式のお茶席が設けられ、芸妓・舞妓によるお点前も楽しめる。10月には芸妓・舞妓の技芸をじっくりと見せる通好みの「水明会」が催される。

**39 解答**
**ウ 先斗町**

芸術・文化に関する記述について、最も適当なものを⑦～①から選びなさい。

**問 40**　11月8日、祇園白川にある吉井勇の歌碑の前で行われる花街の行事を何というか。

⑦ かにかくに祭　　　　⑦ 事始め

⑦ 祇園小唄祭　　　　⑦ 始業式

---

京都の花街では一年を通して、しきたりに則ったさまざまな行事が伝承されている。まずは花街の仕事始めにあたる1月の「**始業式**」。式典会場となる各歌舞練場などには、黒紋付で正装した芸舞妓らをはじめ関係者が一堂に会して新年を祝う。

11月8日には、歌人・吉井勇の歌碑の前で「**かにかくに祭**」が行われる。歌碑は吉井の古希を祝って、馴染みにしていたお茶屋・大友跡の白川沿いに建てられたもの。「かにかくに 祇園はこひし 寝るときも 枕のしたを 水のながるる」の歌が刻まれている。祇園をこよなく愛し、都をどりの作詞も手掛けた吉井をしのび、祇園甲部の芸舞妓が白菊を手向ける。

11月23日の「**祇園小唄祭**」は、京都花街組合連合会とおおきに財団の主催による新しい行事。花街の舞踊曲として有名な『祇園小唄』を讃えて、円山公園にある歌碑の前で、五花街の舞妓が歌詞を朗読し献花を行う。12月13日の「**事始め**」の日には、芸舞妓が師匠やお茶屋に挨拶回りをして、一年の感謝と共に、来年に向けての精進を誓う。

**40 解答**
⑦ かにかくに祭

**3級**

**2級**

**1級**

問
41

1月4日に、蹴鞠初めが行われる神社はどこか。

ア 大田神社　　　　　　　　イ 下鴨神社
ウ 上御霊神社　　　　　　　エ 下御霊神社

　蹴鞠はじめ＝写真＝は、京都の年始の風物詩。新年3日に行われるかるた始めと並んで、新聞やテレビのニュースによく取り上げられる。蹴鞠はじめが行われるのは**下鴨神社**の境内で、水干に烏帽子という平安貴族の装束で巧みに蹴るのは蹴鞠保存会のメンバー。たくさんの観覧者が集まるが、有料の特別拝観席も用意されている。ちなみに3日のかるた始めは、八坂神社の能舞台で行われ、こちらも平安装束である。

　**大田神社**は上賀茂神社の摂社で、有名なカキツバタ群落は国の天然記念物となっている。

　**上御霊神社**は「応仁の乱勃発の地」とされ、石碑が建っている。

　**下御霊神社**は平安時代初期に御霊信仰の社として寺町通今出川辺りに創建され、平安時代末期には新町通出水に鎮座し、豊臣秀吉の京都改造によって現在地（中京区）に遷された。

41 解答
イ 下鴨神社

**5** 祭りと行事に関する記述について、最も適当なものをア～エから選びなさい。

**問42**
法界寺で1月14日に行われる修正会の結願行事で、下帯のみで激しくぶつかり合う踊りはどれか。

ア 赦免地踊　　　イ 花笠踊
ウ 題目踊り　　　エ 裸踊り

　京の祭りには静かで雅びなものが多い中、激しくエネルギッシュなものの一つとされるのが、伏見区日野の法界寺に伝わる**裸踊り**＝写真＝だ。これは修正会の結願行事として1月14日夜に行われるもので、男たちが「頂礼、頂礼」と連呼しながら、阿弥陀堂の広縁で下帯姿で体をぶつけ合う。

　設問にある裸踊り以外の3つは、これとは対象的に京都らしい雅やかな踊りで、いずれも都の郊外に守り継がれる古い行事だ。洛北八瀬の里の**赦免地踊**は、少年たちが頭に透かし彫りの切子灯籠をのせて美しく着飾り、夜道を行列して神社に向かい、踊りを奉納する。

　**花笠踊**は、左京区久多の山里で8月24日の夜に行われる風流灯籠踊。古く室町時代の風流踊りを今に伝えているとして、国の重要無形民俗文化財に指定されている。

　**題目踊り**は、妙法の送り火前夜と当日の送り火を終えた後、麓にある松ヶ崎の涌泉寺で行われる。古く法華宗への改宗を喜び、題目を唱えて踊ったと言い伝えられている。

42 解答
エ 裸踊り

5 祭りと行事に関する記述について、最も適当なものをア～エから選びなさい。

問
43

4月の第2日曜日に行われる今宮神社の祭礼で、春に流行する疫病を鎮めることを目的に、花鎮めのまつりとして始まった行事は何か。

ア 田植祭　　　　　　　　イ 名月管絃祭
ウ やすらい祭　　　　　　エ 鞍馬の火祭

4月の第2日曜日に行われる今宮神社の祭礼といえば、**やすらい祭**＝写真＝である。これは京都三大奇祭の一つであり、京都では春祭りのさきがけとされている。古来、桜の花の散る頃には疫病が流行しやすく、それを風流な花傘に依せて紫野社へと送り込もうとしたのであろう。この花傘に入ると厄を逃れることができると伝えられてきた。昔も今も、疫病に苦しめられる人々の切実な思いが伝わってくる。

初夏の風物詩とされる**田植祭**は6月10日、伏見稲荷大社での神事が有名だ。

**名月管絃祭**は中秋の名月を愛でる下鴨神社での行事。これと並んで大覚寺大沢池の池畔で行われる観月の夕べも代表的な観月祭となっている。

**鞍馬の火祭**は、やすらい祭と共に京都三大奇祭の一つとされている（もう一つは太秦の牛祭だが現在休止中）。時代祭と同日10月22日の夜に行われる。

43 解答
ウ やすらい祭

**5** 祭りと行事に関する記述について、最も適当なものをア〜エから選びなさい。

**問 44**

5月15日に行われる葵祭で、京都御所建礼門前を出発した行列が、下鴨神社を経て、最後に到着する神社はどこか。

ア 平安神宮
イ 八坂神社
ウ 伏見稲荷大社
エ 上賀茂神社

京都三大祭の一つ、葵祭に関する出題は、祭りと行事のカテゴリーから欠かすことのないといってよいくらい出題されている。京都三大祭である、葵祭・祇園祭・時代祭は必ず押さえておきたい。

祭礼について、おぼえるべき必要事項は、①催行日時、②場所や行列のコース、③特徴的な由来や歴史だろう。

葵祭でいえば、午前10時30分に京都御所の建礼門前を出発した行列は、二つの賀茂社、すなわち下鴨神社から**上賀茂神社**＝写真＝へと向かう。上賀茂神社に到着するのはほぼ夕刻。一日がかりの祭りである。

**平安神宮**と**八坂神社**は、京都三大祭のうちの時代祭と祇園祭を行う神社、**伏見稲荷大社**は朱い鳥居が連なる千本鳥居で有名な神社である。

44 解答
エ 上賀茂神社

**5** 祭りと行事に関する記述について、最も適当なものを⑦～⊏から選びなさい。

**問 45**

大堰川に浮かべた船上で伝統芸能を披露し、和歌などを書いた扇子を流す車折神社の祭りはどれか。

⑦ 三船祭      ⓘ 伊根祭

ⓤ 松尾祭      ⊏ 曲水の宴

　設問に並ぶ4つの祭りと行事は、いずれも川や海の水にちなんでいる。このうち大堰川に船を浮かべて行われる車折神社の例祭は、**三船祭**＝写真＝。5月の第3日曜日、新緑美しい嵐山を背景に、龍頭船、鷁首船をはじめとするさまざまな船が出て、平安時代の船遊びが再現される。平成27年（2015）から、祭りのヒロインとして清少納言役の女性が選ばれるようになっている。

　**伊根祭**は、舟屋で知られる丹後半島の伊根町にある八坂神社の祭りで、7月末の土・日曜に行われる。漁師町らしく海上渡御が行われ、数年に一度行われる大祭は「海の祇園祭」と呼ばれている。

　**松尾祭**は、4月20日の後の日曜日が「おいで」と呼ばれる神幸祭で、桂川を神輿が渡る船渡御が有名だ。出御から21日目に「おかえり」と呼ばれる還幸祭が行われる。

　**曲水の宴**は、平安貴族の水辺での歌遊びを再現する雅やかな行事。城南宮では春と秋の年2回開催されるが、ほかに上賀茂神社や北野天満宮でも春に行われている。

45 解答
⑦ 三船祭

**問46**

祇園祭は「祇園御霊会」と呼ばれ、貞観11年（869）の神事が起源といわれているが、何を目的として行われたか。

⑦ 恋愛成就 　　　　イ 学業成就
ウ 五穀豊穣 　　　　エ 疫病退散

令和3年（2021）5月現在、収束が見通せない新型コロナウイルス感染症が世界中で問題となり、日本のみならず、世界各国に影響が出ている。振り返れば京の都でも古来、疫病流行がおこり、そのたびに人々が不安に苛まれてきた。

例えば祇園祭は、都を中心に全国的に流行する疫病を食い止めようと、当時の国の数にあたる矛66本を立て、神泉苑で神事を行った祇園御霊会が起源とされている。御霊会とは、非業の死を遂げ、この世に未練や恨みをもつ死者の御霊が疫神となって疫病を振りまくとの信仰から、荒ぶる霊魂を慰めようとした神事である。

**学業成就**では、全国の天神信仰の総本社である北野天満宮が有名だ。**五穀豊穣**は、それに感謝するのが各地の秋祭りといえる。**恋愛成就**の京都の神社といえば、恋占いの石がある縁結びの社・地主神社などが知られている。

3級

2級

1級

46 解答
エ 疫病退散

**5** 祭りと行事に関する記述について、最も適当なものを<u>ア</u>～<u>エ</u>から選びなさい。

<table>
<tr><td>問<br>47</td><td>7月25日、鹿ヶ谷の安楽寺で中風除けを祈願して行われる行事はどれか。</td></tr>
</table>

ア 筆供養　　　　　イ 花供養
ウ かぼちゃ供養　　エ 大根焚き

　夏の土用の行事で、鹿ヶ谷の安楽寺といえば、**かぼちゃ供養**とおぼえておこう。こちらのカボチャは鹿ヶ谷かぼちゃ＝写真＝といって大きく独特のひょうたん形で、京の伝統野菜に指定されている。味は淡泊で甘味も少ないが、ほかの日本かぼちゃと比べても栄養価が高いとされる。ちなみにカボチャは、冬至の日に食べると中風除けになるともいわれており、冬至に近い12月23日には矢田寺（中京区）でかぼちゃ供養が行われている。

　同じく12月に、同じ中風除けのご利益があるとして親しまれているのが**大根焚き**の行事。12月7日・8日に西陣の千本釈迦堂で、続く9日・10日には鳴滝の了徳寺で、アツアツに焚きあげたダイコンがふるまわれる。

　**筆供養**は11月23日、東福寺塔頭で「筆の寺」として知られる正覚庵の筆塚前で法要が行われる。**花供養**は桜の季節である4月第2日曜、鷹峯の常照寺で開催される。島原の太夫が内八文字を踏みながら太夫道中を披露して、禿と共に吉野太夫の墓にお参りする。

47 解答
ウ かぼちゃ供養

祭りと行事に関する記述について、最も適当なものをア～エから選びなさい。

**問48**

平安建都1100年を記念して明治28年（1895）に始まった平安神宮の祭で、10月22日に、それぞれの時代の衣装や道具を身に着けた時代風俗行列が京都のまちを練り歩く行事はどれか。

ア 時代祭　　　　　　　イ 嵯峨祭
ウ 櫛祭　　　　　　　　エ 粟田祭

　これも京都三大祭に関する出題で、解答は**時代祭**＝写真＝である。時代祭が始まってまだ120年余。京都では珍しく歴史の浅い祭りといえる。平安遷都1100年を記念して創建した平安神宮の祭礼であるということは、すなわち京都市民の祭りであり、各時代行列は主に市内の旧学区単位で担当を振り分け、奉仕している。京都市民全体で、長い時代風俗絵巻を実現しているのが時代祭の特徴だ。

　**嵯峨祭**（さがまつり）は、5月に行われる愛宕（あたご）・野宮（ののみや）両神社の祭礼。神幸（しんこう）祭で清凉寺（せいりょうじ）前の御旅所（おたびしょ）に神輿（みこし）が並び、1週間後が還幸（かんこう）祭となる。

　**櫛祭**（くしまつり）は9月第4曜、安井金比羅宮（やすいこんぴらぐう）の久志塚（くしづか）に櫛を納めて供養する美容関係者の例祭。日本髪の伝統的な結髪（けっぱつ）技術を継承する時代風俗行列が祇園一帯を巡る。

　**粟田祭**（あわたまつり）は10月スポーツの日前後、何日にも分けて神事が続く。神輿渡御（とぎょ）の露払いとなる剣鉾差し（けんぼこ）が見どころである。

48 解答
ア 時代祭

3級

2級

1級

問
49

平安時代、京の都に疫病が流行した際、空也上人が救済を願って始めたとされる通称「かくれ念仏」が行われる寺院はどこか。

ア 神泉苑　　　　　　　イ 百萬遍知恩寺
ウ 仁和寺　　　　　　　エ 六波羅蜜寺

　年の瀬の12月13～31日に日暮れ時から僧侶によって奉納される空也踊躍念仏＝写真＝のことを通称「かくれ念仏」という。それが伝わる寺は**六波羅蜜寺**である。平安時代の天暦5年（951）、京の都に疫病が蔓延した際、空也上人が疫病からの救済を願って始めたとされている。

　**神泉苑**は平安時代初期に疫病退散を祈るため、国家的に初めて御霊会が行われた地で、今日に続く祇園祭の発祥とされる。**百萬遍知恩寺**は鎌倉時代、疫病流行を鎮めるために宮中で7日間、百万遍の念仏を修したところ、疫病が止んだので後醍醐天皇から百萬遍の勅号を賜ったという歴史をもつ。**仁和寺**では令和2年（2020）3月後半、新型コロナウイルス感染拡大の終息を願って、疫病を鎮めるとされる秘仏・薬師如来坐像（国宝）が特別に公開された。

　設問の欄の4つの寺院は、いずれも疫病流行と救済に関係している。

49 解答
エ 六波羅蜜寺

祭りと行事に関する記述について、最も適当なものをア〜エから選びなさい。

問
50

山科義士祭で、山科区内を練り歩く赤穂四十七士に扮した義士列が最後にたどり着くところはどこか。

ア 法住寺　　　　　イ 毘沙門堂

ウ 瑞光院　　　　　エ 大石神社

赤穂浪士が吉良邸へ討ち入った12月14日に毎年行われる山科義士まつりの赤穂四十七士に扮した義士列が最後に着くのは**大石神社**＝写真＝。同社は昭和10年（1935）、リーダーの大石内蔵助良雄（ヨシオとも）を顕彰するために、内蔵助を祭神として建立された。山科には内蔵助の親類がいて、赤穂藩断絶後、この親類を頼って移り住んだ。藩再興を図ったが結局かなわず、内蔵助は吉良上野介義央を討つ方針を固め、この地で同志と会合を重ねて討ち入りの手はずを詰めていったとされる。義士まつりは内蔵助ら義士をしのぶと共に、地域の連帯感を醸成する目的で、地元の人たちが昭和49年（1974）から始めた。京都の師走の風物詩として定着している。

山科の**瑞光院**には主君浅野内匠頭長矩の供養塔と赤穂義士46人の遺髪塔がある。**毘沙門堂**は義士の処分について当時の門跡が将軍徳川綱吉から意見を求められたことで知られ、義士列の出発点になっている。東山の**法住寺**も内蔵助ゆかりの寺で、義士の遺徳を伝えるため四十七士の木像が安置してある。

50 解答
**エ** 大石神社

3級

2級

1級

問
51

武家の式正料理として成立し、銘々に膳を設け、今日の日本料理の基本となった料理は何か。

ア 本膳料理　　　　イ 懐石料理

ウ 普茶料理　　　　エ 精進料理

**本膳料理**とは正式な膳立てによる式正料理であり、室町時代に武家の饗応料理として始まり、江戸時代に発展・普及した。時代や料理の流派によって、作法などに違いがある。配膳法の基本は、料理を一人分の膳に組んで供するシステム。一の膳を本膳といい、飯と汁、煮物や蒸し物、なます、香の物がのる。膳の数は儀礼の格式によって変化し、二の膳、三の膳、与の膳、五の膳と増えていく。献立も一汁三菜から二汁五菜、三汁七菜などと豪華さを増した。現在は衰退した本膳料理だが、配膳法や食事法をはじめ、昆布とカツオの出汁を特徴とするなど日本料理の礎を築いた。

**懐石料理**は千利休（1522〜91）によって大成された茶道の精神に基づいた料理。四季折々、旬の新鮮な素材を茶事の趣向に合わせて演出する。本膳料理同様、禅宗・精進料理の影響を受けているとされる。

**精進料理**は、鎌倉時代に禅宗と共に中国から伝えられた。動物性の食材を使わず、調理も食事も「行」とみなす。**普茶料理**は、明の僧・隠元が伝えた精進料理の一種。

51 解答
ア 本膳料理

京料理、京菓子に関する記述について、最も適当なものを ア ～ エ から選び
なさい。

問
52

「骨切り」という手法が用いられ、祇園祭に欠かせ
ない京の夏の味として定着した魚は何か。

ア 鯉（こい）　　　　　　　イ 鱧（はも）
ウ 鱈（たら）　　　　　　　エ 鯖（さば）

 3級

2級

1級

交通手段の発達していなかった昔、海から遠く離れた京都
では、鮮魚の入手が難しく、その一方で加工した魚を上手に
使った料理が発達した。例えば、北海道や東北で漁獲され、
カチカチに乾燥した棒鱈（ぼうだら）や身欠き鰊（にしん）を、時間をかけて水で戻
して「芋棒（いもぼう）」や「鰊蕎麦」などの名物料理に仕上げた。また
若狭湾で水揚げされた鯖の一塩物を用いて「鯖寿司」にし、
祭りに欠かせないご馳走とした。

ところが瀬戸内海産の鱧＝イラスト＝については例外であ
る。とにかく鱧の生命力は強くて、夏の盛りに生魚のまま
「担ぎ」によって京都まで運ばれても、鮮度を保つことが可
能であった。しかし鱧には小骨が多くて、通常の調理法では
食べられない。そこで編み出されたのが「骨切り」である。
骨切りとは、開いた鱧の身に、皮一枚を残しつつ細く包丁を
入れることで小骨を切る高度な技法。祇園祭の時期には、鱧
落としや鱧寿司、鱧の椀物などの鱧尽くしで、祭りの客をも
てなす。

なお、鯉などの淡水魚は滋賀県の琵琶湖から運ばれた。

52 解答
イ 鱧

**問 53**

節分に京都で食べるならわしがあり、その一部を柊に刺して門口に立て、邪気を祓う風習も残っている食べ物はどれか。

ア 白味噌の雑煮

イ 畑菜の辛子和え

ウ なす田楽

エ 塩いわし

2月の節分の日には、魚屋やスーパーの鮮魚売り場で、プックリと太ったマイワシが売り出される。塩を振ったイワシで「塩いわし」「節分いわし」などと呼ばれ、邪気祓いの意味合いがあるという。また、焼いた塩いわしの頭を柊の小枝に刺して、玄関先や軒先、門口に掲げておく風習もある＝イラスト＝。鬼はイワシを焼く匂いや煙が苦手なため、家中の鬼を追い祓う効果があるとも、家に寄りつかせないようにするともされる。柊の葉には鋭いトゲがあるが、このトゲで鬼の目を突くという少し残酷な意味合いもあるらしい。

正月の雑煮は丸小餅の白味噌仕立てで、丸く調えた小芋や雑煮大根、人参などの具材を加える。2月の初午（はつうま）の日には、**畑菜の辛子和え**が食卓に上がる。伏見稲荷大社の創建者の名前や、稲荷の神の使いであるキツネの好物などにかけた行事食である。

53 解答
エ 塩いわし

**6** 京料理、京菓子に関する記述について、最も適当なものを<u>ア</u>〜<u>エ</u>から選びなさい。

**問 54** 京都には喫茶文化が浸透し、さまざまなジャンルのカフェや喫茶店がある。京都市が1世帯あたりの年間購入量で全国1位になった飲料は何か（総務省統計局家計調査2017年〜2019年平均）。

<u>ア</u> コーヒー　　　　　<u>イ</u> ココア
<u>ウ</u> 乳酸菌飲料　　　　<u>エ</u> 炭酸飲料

　総務省統計局による「家計調査品目別都道府県庁所在地および政令都市ランキング」（2017年〜2019年平均）の調査では、該当地における飲食品の支払金額と購入数量などが示されており、地域別の消費動向が推測できる。

　京都市の総飲料品の支払金額は最下位の52位。それにもかかわらず、**コーヒー**＝イラスト＝（粒・粉末などが対象。缶コーヒーなどの液体の飲料は含まない）においては、支払金額・購入数量共に第1位なのである。全国平均の金額は6295円、京都市は8555円と大きく上回っている。京都市民のコーヒー好きの理由は明確には分からない。この調査数字には、喫茶店消費は含まれていないものの、老舗のコーヒー専門店が多いなど、京都では昔からコーヒー文化が根付いていた実態がある。またパンの購入数量が第6位と高く、パン食と共にコーヒーがよく飲まれていることも伺える。

**54 解答**
<u>ア</u> コーヒー

**問55** 「芽が出る」として縁起物に用いられ、正月料理に欠かせない京の伝統野菜はどれか。

ア 賀茂なす

イ くわい

ウ 京うど

エ 九条ねぎ

　**くわい**＝写真＝は水生植物であり、泥中に伸びた地下茎の先端に出来る球形の塊茎（かいけい）を食用とする。くわいの塊茎は大きな芽が出るところから「芽が出る」にかけて「目出たい」と転じ、正月料理の縁起物として欠かせない。お節料理を調理するおりには、くわいの芽が取れてしまわないように皮をむき、あく抜きをした上で含め煮にする。

　京都での栽培は、天正19年（1591）に豊臣秀吉により築かれた防塁「御土居（おどい）」の造営によってできた低湿地に植え付けられたのが始まりだとされている。京都のくわいは表面が青藍色の青くわいで、甘味とほろ苦さの持ち味が特徴。口当たりはホクホクとしている。優良品種であるくわいは「京の伝統野菜」「京のブランド産品」に認定されている。

　大きな球形で肉質に優れた**賀茂なす**、茎が白くて太短い**京うど**、葉ねぎの代表品種である**九条ねぎ**も、京都の地に明治以前から導入され、農家の努力によって栽培法と品質を守り抜かれてきた京の伝統野菜だ。

55 解答
イ くわい

問
56

室町末期に渡来し、京菓子に大きな影響を与えた南蛮菓子はどれか。

ア 羊羹
イ 葛切り
ウ 粽
エ カステラ

　南蛮菓子とは、室町時代末期から江戸時代初期にかけて、ポルトガルやスペインから、キリスト教の宣教師や貿易商らによって、日本に持ち込まれた菓子のこと。金平糖や有平糖、ぼうろ、カルメラなどが知られる。**カステラ**もその一つである。当時の日本人がめったに口にしなかった砂糖や卵などをふんだんに使用しており、食した者を驚かせたことだろう。ただし、現在の日本で製菓されているしっとりとした口当たりのカステラのイメージとは異なっていたともいわれている。

　**羊羹**の原形は、鎌倉時代から室町時代に禅僧が中国からもたらした点心（テンジンとも）の「羊羹」にあたると思われる。点心の羊羹は小豆や小麦粉などを蒸し固めたものを具とした汁物とされ、やがて蒸羊羹のような菓子ともなったと考えられる。餡と寒天を煉り合わせる煉羊羹が作られるようになったのは江戸時代後半からである。点心の一つで、葛を使用した料理から発生したと想像されるものに**葛切り**がある。**粽**も中国をルーツとする食べ物。平安時代には、端午の節句をはじめ宮中のさまざまな行事に用いられていた記録がある。

3 級

2 級

1 級

56 解答
エ カステラ

**6** 京料理、京菓子に関する記述について、最も適当なものをア〜エから選びなさい。

問
57

茶の湯の菓子で、和三盆などを木型に押し固めて乾燥させた薄茶用の干菓子はどれか。

ア 落雁（らくがん）　　　　イ どら焼

ウ 水無月　　　　　　　　エ はなびら餅

　茶の湯の菓子には主菓子（おもがし）と干菓子（ひがし）がある。濃茶（こいちゃ）の席では主菓子を、薄茶の席では干菓子を供する。ただし薄茶だけの茶会のときは、主菓子と干菓子の両方が出されることもある。主菓子は饅頭やきんとん、餅菓子などの生菓子をさす。干菓子は乾いた菓子で、**落雁**＝写真＝や煎餅、有平糖など。

　落雁は糯米粉（もちごめ）や麦粉などに砂糖を加えて、木型を使って固めて乾燥させたもの。茶席用には花などの落雁で季節感を演出する。茶道の世界では落雁という言葉よりも「打物（うちもの）」「押物（おしもの）」の用語が使われることが多い。

　**はなびら餅**は宮中の「菱葩（ひしはなびら）」から発想された裏千家の初釜の主菓子「御菱葩（おんひしはなびら）」から始まり、やがて正月菓子の「はなびら餅」として広まった。**水無月**は6月30日の夏越祓（なごしのはらえ）に無病息災を祈って食べる外郎製の菓子。カステラ風生地に餡をはさんだ「どらやき」を京都などでは「みかさ」ともいう。また笹屋伊織の銘菓「**どら焼**」は、東寺の僧侶の副食として考案された伝統的な菓子。

**57 解答**
**ア** 落雁

6 京料理、京菓子に関する記述について、最も適当なものをア〜エから選びなさい。

**問 58**

鳥羽街道の名物で、「せき」という娘が編み笠の上に餅を並べて売ったのが最初といわれる、餅の上につぶ餡をのせた菓子はどれか。

ア 長五郎餅　　　　　イ 鳩餅
ウ みたらし団子　　　エ おせき餅

**おせき餅**は、白餅と草餅の上につぶ餡をのせた銘菓。400年以上の歴史を持つとされる。もとは鳥羽街道沿いの小枝橋あたりの茶店で商われていた。創業者の「せき」は店の看板娘でもあった。餡ころ餅を作って、編み笠の裏に餅を並べ、旅人をもてなしていたところ、せきの人柄と共に評判となり、いつしか「おせき餅」と呼ばれるようになった。ところが慶応4年（1868）、この付近は鳥羽・伏見の戦いの緒戦地となり、激しい戦闘の中でおせき餅の茶店は焼失。昭和に入って、京阪国道と城南宮道の交差する現在地に移転した＝写真＝。今もなお街道名物として、さらに城南宮の門前菓子として愛され続けている。

**長五郎餅**は豊臣秀吉ゆかりの餅菓子で、北野天満宮の門前菓子。しんこ製の**鳩餅**は、三宅八幡宮の神の使いである鳩の姿をしている。**みたらし団子**は下鴨神社の門前菓子であり、諸説あるが神社の池に湧き上がる水の泡を表わしているとされる。

58 解答
エ おせき餅

**6** 京料理、京菓子に関する記述について、最も適当なものをア～エから選びなさい。

**問 59**

京都の質の高い地下水と冬寒い気候を利用して造られる名産品のひとつで、伏見が全国的に知られる代表的な産地であるものは何か。

ア 醤油　　　　　　　　　イ ワイン
ウ 日本酒　　　　　　　　エ 豆腐

　日本で有名な酒どころといえば兵庫県の灘と京都市の伏見。伏見が天下の酒処となったのには、いくつかの条件が重なったからである。伏見は古来より「伏水」と記されていたほどに、伏流水が豊富で、伏見のいたるところに清冽な良水が湧き上がった。名水百選に選定されている御香宮神社の「伏見の御香水」をはじめ、伏見には多くの名水伝説が伝えられている。さらにその水質はカリウム、カルシウムなどをバランスよく含んだ中硬水で、酒造りには最良の条件を満たしていた。

　平安の昔より貴族の別荘地として知られた伏見は、安土桃山時代には豊臣秀吉の伏見城築城によって一大城下町となる。江戸時代になると水陸交通の要衝として発展。酒の需要に応えるように酒造家が増え、水の恵みはもとより、名酒の醸造地となったのである。

**59 解答**
ウ 日本酒

6 京料理、京菓子に関する記述について、最も適当なものを ア～エ から選びなさい。

問 60

京都をはじめとする関西で昔から親しまれるアーモンド形をしたパンで、中に白あんが入っているものはどれか。

ア カルネ
イ サンライズ
ウ メロンパン
エ サラダパン

　諸説あるが、白あんを包みアーモンド形に成形して焼いた菓子パンを**メロンパン**＝写真（提供：生活協同組合コープこうべ）＝という。表面にはラインが何筋か入っている。この形に焼き上げるために、オムライスなどを成形する際に用いる型を使用する。メロンパンの名前は、メロンの仲間であるマクワウリの形に似ているところから付けられたといわれている。メロンパンの発祥については、神戸生活協同組合（現・生活協同組合コープこうべ）のパン職人が考案したという説もある。

　メロンパンという名称は、上部表面をクッキー生地で覆って焼いた丸形のパンにも使われている。丸いメロンパンは**サンライズ**と呼ばれることも多い。**カルネ**は京都のパン屋、志津屋の代表商品。ドイツパンのカイザーゼンメルを使用したサンドウィッチにヒントを得て作られた。**サラダパン**は滋賀県長浜市のつるやパン製の調理パン。刻みたくあんをマヨネーズで和えた具材をコッペパンにはさんである。

60 解答
ウ メロンパン

問
61

魔除けになるとの言い伝えから、大晦日から元日の
未明にかけて、八坂神社へ詣でて火縄に火を授かる
ならわしを何というか。

ア をけら詣り

イ 無言詣り

ウ お宮詣り

エ 十三まいり

　これは八坂神社の有名な年越し行事で、**をけら詣り**＝写真＝
という。ここで火縄に授かったをけら火を、消えないように
クルクルと回しながら持ち帰り、それで雑煮を炊くと無病息
災につながるとされている。をけらは薬用植物で、その根茎
が生薬（しょうやく）の白朮（びゃくじゅつ）となる。

　**無言詣り**（むごん）は主に花街に伝わる風習で、祇園祭の期間中の7
月17～24日の7日間、四条大橋（かかい）を渡り、3基の神輿がとどま
る四条寺町の御旅所（おたびしょ）まで毎晩、無言でお詣りすれば願いがか
なうといわれている。

　**お宮参り**（うぶぎ）は子どもが生まれると、生後30日前後に行う。こ
のときの初着は里方（さとがた）から贈り、この初着の肩にお宮参りの扇
などを麻紐（あさひも）でくくる習わしが京都には伝わっている。

　**十三まいり**は京都らしい風習だ。京都では子どもらが数え
13歳になると「嵯峨の虚空蔵（こくうぞう）さん」と呼ばれる法輪寺（ほうりんじ）に智恵
や福徳を授かりに行く。その帰り道、渡月橋（とげっきょう）を渡りきるまで
に振り向くと、せっかく授かった智恵が逃げてしまうといわ
れている。

61 解答
ア をけら詣り

**7** ならわし、ことばと伝説、地名に関する記述について、最も適当なものを ア～エ から選びなさい。

**問 62**

古来、鎮火の神として親しまれ、三歳までの子ども が詣ると、その子は一生火難を免れると言い伝えら れる神社はどこか。

ア 吉田神社　　　　　　イ 愛宕神社

ウ 護王神社　　　　　　エ 由岐神社

　京都では多くの家の台所に「阿多古祀符火迺要慎」と書か れた護符が貼られている。標高924メートル、東の比叡山と 向き合うように西にそびえる愛宕山を、京都の人々は火除け の神として仰ぎ見て、**愛宕神社**＝写真＝の御利益に預かって きた。一生火難を免れるようにと、3歳までの子どもが詣る 習わしがある。また夏の夜には千日詣が行われる。これは7 月31日夕刻から8月1日早朝にかけてお詣りをすると、一晩 で千日分の御利益があるとされる行事だ。

　**吉田神社**は京都大学キャンパスの東側、標高102メートル の吉田山を境内とし、節分祭が有名である。

　**護王神社**は京都御所の西側にある。ここでは狛犬ならぬ狛 いのししが見られ、いのししが神社のシンボルとなっている。

　**由岐神社**は鞍馬山にある鞍馬寺のふもとにある古社。10月 22日夜に鞍馬街道沿いがにぎわう鞍馬の火祭は、この神社の 例祭として知られている。

3級

2級

1級

62 解答
イ 愛宕神社

問
63

初午に伏見稲荷大社を参拝後、買い求めておくどさんの荒神棚に並べるならわしのある伏見人形はどれか。

ア 饅頭喰い　　　イ 鍾馗

ウ 福良雀　　　　エ 布袋

　伏見稲荷大社の初午（2月初午の日）は、稲荷大神が稲荷山に降臨したことにちなむ年一度の大祭。縁起物である「しるしの杉」が授与される。京都の人は家を持つと、この初午にお詣りし、帰りに伏見人形の店で**布袋**さんを買って帰る習わしがある。布袋さんは昔からおくどさんの荒神棚に並べられるが、京都では小さいものから大きいものへと毎年買い足していき、7年続けると七福神に通じるといわれている。

　**饅頭喰い**は、同じ伏見稲荷の土産として広まった伏見人形。二つに割った饅頭を童子が持っている。

　京都では町家の小屋根に**鍾馗**さんの小像を祭る習わしがある。これは瓦製で、鬼瓦などに似た魔除け・厄除けの意味がある。

　**福良雀**は、冬に羽毛を膨らませ、ふっくらと太ったようにみえる雀のこと。豊かさや繁栄を象徴する縁起物とされ、日本髪の結い方、振り袖などの帯結びにもその名がある。

63 解答
エ 布袋

ならわし、ことばと伝説、地名に関する記述について、最も適当なものをア～エから選びなさい。

**問 64**

なじみの客との信頼関係を大切にするため、もてなしが難しいので初めての客を体裁よく断ることがある。これを表す京都のことわざはどれか。

ア 京では右と左が逆になる　イ 東男に京女

ウ 一見さん、お断り　エ 白川夜船

解答は「**一見さん、お断り**」。花街のお茶屋などでは、原則的にこれを商習慣としてきた。見ず知らずのお客（一見さん）はなるべく避けて、信頼できるお客からお客への紹介を何より大事にする。これはお茶屋という女性経営者のまちに育まれたリスク管理という見方もできそうだ。

「**京では右と左が逆になる**」は、京のまちを地図で見たとき、向かって右に左京区があり、左に右京区がある。御所から南を向いたときの左右を指している。これは平安京が中国と同様に天子を南面としたためで、御所の紫宸殿は南向きである。ゆえに、天皇が南を向いて左側が左京、右側が右京とされた。

「**東男に京女**」。男性は気前のいい江戸の男がよく、女性は美しくてやさしい京の女がよいという意味。このことわざは江戸時代の歌舞伎の世界に由来するようだ。

「**白川夜船**（シラカワヨブネとも）」は、知ったかぶりをすることをたとえて言う。また、ぐっすり熟睡してしまい分からなかったことも指す。白川は、船で渡るような大きな川ではないのに、船で渡ってウトウトしたと言ったことからできたことわざ。また、地名の白河を川と勘違いしたという古い笑い話も、ことわざのもとになっている。

64 解答
ウ 一見さん、お断り

3級

2級

1級

**問 65**

「捨てる」という意味の京ことばはどれか。

ア ヤツス　　　　　　　イ キバル

ウ ネブル　　　　　　　エ ホカス

　捨てるという意味を京ことばで言うと、「**ほかす**」となる。「そんなとこにほかしたらあきませんえ」と言われて、どれほどの人が正しく理解できるだろう。初めて聞く人、京都にあまり縁のない人には難易度の高い言葉である。しかし京都に生まれた人は、捨てるという言葉はまず使わないような気がする。

　京ことばで「**やつす**」というと、めかすの意味になる。「えろうやつして、どうしはったん？」などと使われる。また「やつし」と言えば、おしゃれをする人を意味する。

　京ことばで「**きばる**」と言えば、がんばるという意味になる。「ようきばったなあ」は、ほめ言葉である。

　京ことばで「**ねぶる**」は、なめること。漢字で書けば「舐る」となる。ただし、なめるを漢字で書いても「舐める」となる。「飴玉をねぶる」「猫が皿をねぶっとる」などという言い方は、京都や関西に限らず、もっと広範囲に使われているようだ。

**65 解答**
**エ ホカス**

問
66

## 京ことばで「オコシヤス」とはどういう意味か。

ア ご苦労さん　　　イ いらっしゃいませ

ウ ありがとう　　　エ ほっとする

　京都観光ブームで、「おこしやす」という京ことばはおなじみになったのではないだろうか。この意味は、観光客を歓迎しての「**いらっしゃいませ**」であり、また「どうぞおこしください」とお誘いするときの言葉でもある。

　「おこしやす」と並んで、すっかり有名になったもうひとつの京ことばは「おーきに」ではないだろうか。これは舞妓さんが使う花街ことばの代表のようにもなっている。しかし「おーきに」は、**ありがとう**の意味であるから、昔も今も京都のあらゆる場面で、あらゆる世代に伝われる日常語となっている。

　**ご苦労さん**は、京ことばでは「はばかりさん」。「おーきに、はばかりさんどした」などと使われる。

　**ほっとする**は、京ことばでは「ほっこりする」があてはまる。近年では癒やされるような好感度イメージがもたれているが、京都での本来の意味は、ほっとして疲れが出る、くたびれ果てた状態を指すようだ。

3級

2級

1級

66 解答
イ いらっしゃいませ

**7** ならわし、ことばと伝説、地名に関する記述について、最も適当なものを
ア〜エから選びなさい。

**問 67** 水火天満宮にある登天石の伝説にまつわる、学問の神としても尊ばれる人物は誰か。

ア 菅原道真　　　　　イ 三善清行
ウ 小野篁　　　　　　エ 渡辺綱

　菅原道真（845〜903）は比叡山の尊意僧正の祈祷で登天石から昇天した。道真は平安時代前期の文人官僚で、学者の家系に生まれ幼い頃から文才に秀でていた。宇多天皇に重用され醍醐天皇の御世に右大臣となるが、左大臣・藤原時平の讒言により大宰権帥に左遷され、失意のうちに大宰府で没した。時平と対立した道真に対して、書簡で引退を勧告したのが文章博士・三善清行（847〜918）（ミヨシキヨツラとも）である。清行は元慶5年（881）に官吏登用試験である方略式を受けるが不合格だった。この時の問答博士が道真で、後に両者はしばしば対立した。小野篁（802〜52）は平安時代初期の学者で官僚である。嵯峨天皇の寵臣で、漢詩においては白楽天に匹敵するといわれ和歌にも優れた。清原夏野らと『令義解』を撰集し、法令にも通じた秀才だった。「昼間は朝廷、夜は閻魔庁に出仕した」という冥官伝説がある。渡辺綱（953〜1025）は平安時代中期の武士で、源頼光の郎党である。坂田金時、碓井貞光、卜部季武らと並び頼光四天王と称され、酒呑童子等の鬼退治、一条戻橋で鬼の腕を切り落としたという伝説がある。

67 解答
ア 菅原道真

ならわし、ことばと伝説、地名に関する記述について、最も適当なものを
ア～エから選びなさい。

## 問 68

刀匠の名人として知られた三条小鍛冶宗近が、稲荷
の狐の化身である童子を合槌に、名刀「小狐丸」を
打ち上げたという伝説のある神社はどこか。

ア 藤森神社 　　　　　　　イ 豊国神社

ウ 建勲神社 　　　　　　　エ 合槌稲荷神社

　平安時代中期、粟田口三条坊に住んだ刀匠・三条小鍛冶宗近（938～1014）は、刀身の反った日本刀の完成者として知られる。宗近に力を貸した霊狐が祀られている**合槌稲荷神社**は、東山区三条神宮道東の民家に囲まれた小社である＝写真＝。

　**藤森神社**は、神功皇后摂政3年（203）皇后が凱旋した後に、ここを聖地と認め、旗や兵具を納めて神を祀ったのが創始とある。勝負の神として信仰を集めてきた。

　**豊国神社**（ホウコクジンジャとも）は豊臣秀吉を祀る。出世開運のご利益があり、願いを千成瓢箪の小絵馬に書いて奉納する。秀吉は慶長3年（1598）に亡くなり、遺言により遺体は東山阿弥陀ヶ峰に埋葬された。山腹に社殿が創建され、後陽成天皇より豊国大明神の神号を賜り隆盛した。豊臣家が滅ぶと徳川家が破却するが、明治時代に入って復興した。

　**建勲神社**（正式にはタケイサオジンジャ）は明治2年（1869）、明治天皇の命により創建された社で、織田信長を祭神とし、その子信忠を配祀する。ご神徳は大願成就、難局突破、災難除けである。

68 解答
エ 合槌稲荷神社

**問 69**

地名を表す京ことばで、通りを「下がる」と表現する場合、その意味は何か。

| | |
|---|---|
| ア 東へ行く | イ 西へ行く |
| ウ 南へ行く | エ 北へ行く |

　「上がる・下がる」は京都で暮らしていると、場所や行き順を説明するのに頻繁に使う京ことばである。同時に、碁盤目状をなす京のまちでは、それが正式な住所表記にもなっている。ただしその場合は「上ル・下ル」と、カタカナ表記が昔からの習わしである。くれぐれも「のぼる・くだる」と読み間違わないようにしたい。

　平安京遷都以来、碁盤目状に構成されている京のまちでは、南北に走る通りを「下がる」と言えば**南へ行く**こと、「上がる」と言えば**北へ行く**ことを意味する。そして、東西の通りを**東へ行く**ことは「東入る」、**西へ行く**ことは「西入る」という。

**69 解答**
ウ 南へ行く

問
70

世界遺産の神社の門前に位置し、明神川に沿って社
家町一帯が維持されている、京都市北区にある伝統
的建造物群保存地区といえばどこか。

ア 産寧坂　　　　　　イ 上賀茂
ウ 祇園新橋　　　　　エ 嵯峨鳥居本

京都市は昭和47年（1972）に「京都市市街地景観条例」を
制定。京都の特色ある歴史的な町並みを、特別保全修景地区
という独自の制度で整備してきた。昭和50年の文化財保護法
改正で、伝統的建造物群保存地区制度が創設。昭和51年には
**産寧坂**地区と**祇園新橋**地区をこの伝統的建造物群保存地区
（伝建地区）に指定し、さらに**嵯峨鳥居本**地区と**上賀茂**地区
＝写真＝を指定した。

これらの伝建地区では、建造物の伝統的な様式に従って修
理を行い、保存を図っている。その一方、モルタル塗りやア
ルミサッシなどの現代化によって伝統的な様式を失った建造
物については、伝統的な様式に準じて順次、修景を図ること
で、地域の特色を守ることに努めている。

伝建地区内で建造物の新築や外観の変更等を行う場合には
許可が必要。また建造物の修理・修景を行う場合には、費用
の一部を補助する制度がある。

3級

2級

1級

70 解答
イ 上賀茂

| 問 71 | 朱色の千本鳥居がクールと外国人観光客に評判で圧倒的な人気をもつ、稲荷神社の総本宮はどこか。 |
|---|---|

ア 愛宕神社　　　　　　　　イ 貴船神社
ウ 伏見稲荷大社　　　　　　エ 城南宮

　千本鳥居＝写真＝で有名な稲荷神社の総本宮は**伏見稲荷大社**。『山城国風土記』逸文は、秦伊呂具が射た餅の的が白鳥と化して山の峰に飛び去り、そこに稲がなったため、「イナリ」の社名になったと起源を伝える。境内の大部分を占める稲荷山は神の降臨地であり、参道にはおびただしい数の朱塗りの鳥居が立ち並ぶ。これは鳥居を奉納することで願いが「通る」という祈り、または願いが「通った」というお礼の意が、江戸時代以降に広まったといわれている。

　**愛宕神社**は「千日詣り」で知られる古社。7月31日夜から8月1日朝にかけて参拝すると、千日分の火除けのご利益を授かると信仰を集める。**貴船神社**は水の神として古くから崇敬を集める神社で、霊泉に浮かべると文字が表れる「水占みくじ」が人気。また、結社は縁結びのご利益があるといわれ、夫の心変わりに悩んだ和泉式部も参拝したことで知られる。**城南宮**は古くから方除けの神として知られ、工事や引越・交通安全の神としても有名。四季折々の自然が楽しめる神苑がある。

71 解答
ウ 伏見稲荷大社

**8** 京都の「SNS映え」人気スポットに関する記述について、最も適当なものを ⑦～⑤から選びなさい。

**問 72**

黄金に輝く鳥居と特徴的な名称から近年注目を集めている、金山毘古命を主祭神とする神社はどこか。

⑦ 出世稲荷神社　　⑥ 野宮神社
⑦ 地主神社　　　　⑤ 御金神社

　黄金の鳥居があり、金山毘古命を主祭神とする神社は**御金神社**＝写真＝。金山毘古命は伊邪那岐命と伊邪那美命の御二柱神の皇子であり、五元陽爻（天の位）の第一位の神として、金・銀・銅をはじめとする全ての金属類、鉱山、鉱物（鉱石）をつかさどる神を祀る。長きにわたり個人の敷地内にある邸内社だったが、明治16年（1883）に社殿が建立され境内を整備。鳥居だけでなく鈴緒やお守り、御神木の大銀杏にちなんだ絵馬やおみくじも金色で金運・開運招福として全国から注目を集めている。

　**出世稲荷神社**は豊臣秀吉が聚楽第（ジュラクテイとも）の鎮守社として勧請したことに始まる神社で、平成24年（2012）に大原へ移転。開運出世を願う人々から信仰されている。**野宮神社**は『源氏物語』の「賢木」の舞台となった神社。かつては伊勢斎宮の野宮社があったとされ、現在は縁結び・子宝安産のご利益で有名。**地主神社**は清水寺の境内にある神社で、主祭神は縁結びの神様として知られる大国主命。子授け安産の信仰も集める。

72 解答
⑤ 御金神社

3級

2級

1級

**問73**

宇治田原町にあり、風鈴まつりでも有名な正寿院にある猪目窓は何の形か。

[ア] 丸型

[イ] ハート型

[ウ] 星型

[エ] 三角型

　正寿院は宇治田原町にある高野山真言宗に属する寺院。寺伝によると約800年前、飯尾山医王教寺（現在は廃寺）の塔頭として創建されたことに始まるとされる。50年に一度開扉される十一面観音菩薩立像を本尊とし、鎌倉時代を代表する仏師・快慶作の不動明王坐像（重文）を有する。近年は**ハート型**の猪目窓＝写真＝や風鈴まつりが人気を集め、今では年間約10万人もの参拝客が訪れるようになったという。

　「猪目」は、魔除けや招福の意が込められた、古くから伝わる伝統模様の一つ。寺院や神社の建築に多く見られ、刀のつばなどにも使用されてきた。正寿院の猪目窓は客殿の「則天の間」にあり、その前に座すればハート型に切り取った四季折々の景色が楽しめる。また、天井には花や鳥、舞妓など日本らしい風景を題材にした160枚の天井画が描かれており、こちらも人気を集めている。

　毎年夏に行われる風鈴まつりでは、境内に2000個を超える風鈴が吊るされ、涼やかな音色を奏で、京都の風鈴寺とも呼ばれている。

**73 解答**
**[イ] ハート型**

**問 74**
境内のいたるところに「見ざる・聞かざる・言わざる」の三匹の猿の像がある八坂庚申堂では、カラフルな布で作られたものが奉納される。それは何か。

ア 熊手　　　　　　　　イ しるしの杉
ウ くくり猿　　　　　　エ 鏡絵馬

八坂庚申堂＝写真＝は平安時代に日本に伝わった庚申信仰の霊場で、正式名称を大黒山延命院金剛寺という。境内にはカラフルな「**くくり猿**」が多数奉納されており、SNS映えすると人気を集めている。このくくり猿は、猿の手足を一つにくくった姿を表しており、欲を戒める意が込められている。願い事を書いて吊るし、祈願成就を願う。八坂庚申堂にはほかにも、こんにゃくに病気や願い事を封じ込める「こんにゃく封じ祈祷」や、下着に祈印を受けて履くと下の世話をかけないという「タレコ封じ」など、一風変わった信心の形が伝えられている。

**熊手**は福や運、客や富などをかき込むといわれる縁起物。**しるしの杉**は、稲荷山の杉やお多福の面などからなる縁起物で、伏見稲荷大社の「初午大祭」の日に授与される。商売繁盛・家内安全のしるしとして知られる。**鏡絵馬**は下鴨神社の摂社である河合神社の授与品の一つ。鏡型の絵馬に顔が描かれており、これに化粧を施すことで美麗を祈願する。

**74 解答**
**ウ くくり猿**

**問75**

書院から眺める「瑠璃の庭」が絶景といわれ、紅葉などの季節には床や机に反射する景色が美しいと話題の八瀬にある寺院はどこか。

ア 瑠璃光院　　　　　　イ 粟生光明寺
ウ 東福寺　　　　　　　エ 曼殊院

　八瀬にある「瑠璃の庭」を有する寺院は**瑠璃光院**。約4万平方メートルの広大な寺域には、100本超のモミジが植えられており、毎年、新緑の美しい春と紅葉に染まる秋に特別公開される。寺院名の由来となった瑠璃の庭は、瑠璃光院の主庭。数寄屋造の書院から見るその眺めは見事で、2階では並べられた写経机にモミジが映り込む幻想的な景色が楽しめる。
　**粟生光明寺**は長岡京市粟生にある西山浄土宗の総本山。法然が初めて本願念仏のみ教えを説いた「浄土門根元地」として信仰を集める。紅葉の美しさも有名で、総門の左手に続くもみじ参道では、頭上を覆う紅葉のトンネルが楽しめる。**東福寺**は東山区本町にある臨済宗東福寺派の大本山で、京都五山の一つ。方丈と開山堂を結ぶ通天橋一帯は、紅葉の名所として知られる。**曼殊院**は左京区一乗寺にある天台宗の門跡寺院で、天台宗五箇室門跡の一つ。大書院前の枯山水庭園は国の名勝に指定されている。四季の花が美しく紅葉も見どころの一つ。

75 解答
ア 瑠璃光院

京都の「SNS映え」人気スポットに関する記述について、最も適当なものを ア ～ エ から選びなさい。

**問 76**

寺町通に面した天寧寺の山門から境内を見ると、比叡山が額に入った絵のように見える。その山門の通称名はどれか。

ア 三光門 　　　　イ 額縁門

ウ 日暮門 　　　　エ 矢立門

　天寧寺（てんねいじ）は北区寺町通鞍馬口下ルにある曹洞宗（そうとう）の寺院。もともとは会津（福島県）城下に創建されたが、16世紀末に現在地に移されたと伝わる。寺町通側に面した門は「額縁門」と通称され、比叡山の眺望を一幅の絵のように見ることができる＝写真＝。

　三光門（さんこうもん）（重文）は北野天満宮の本殿前に建つ中門。その名は日・月・星の彫刻に由来するが、一説には同門の真上に北極星が輝いていたため、星は刻まれていないとされ、「星欠けの三光門」とも呼ばれている。日暮門（ひぐらしもん）（国宝）は、西本願寺の南側にある唐門の通称。伏見城から移築したと伝わる桃山時代の代表的な唐門建築で、豊国神社・大徳寺の唐門と合わせて「京の三唐門」と呼ばれている。その名は、眺めていると日が暮れるのも忘れるほど美しいことから。矢立門（重文）は、建仁寺にある勅使門の通称。「矢の根門」ともいわれる。平重盛（しげもり）の六波羅邸の門（平教盛の館門（のりもり）とも）を移したものと伝え、その名は扉などに矢の痕があることに由来する。

**76 解答**
イ 額縁門

**問77**

アフロヘアーのようにも見える、非常に大きな髪型が特徴の五劫思惟阿弥陀仏の石像が広大な墓地の一角に佇む、通称「黒谷さん」として親しまれる寺院はどこか。

⑦ 随心院　　　　　　　④ 泉涌寺

⑦ 金戒光明寺　　　　　① 鞍馬寺

　「黒谷さん」こと**金戒光明寺**の墓地の一角には、アフロヘアーのような髪型の五劫思惟阿弥陀仏の石像＝写真＝が佇む。「劫」とは長い長い時間のことで、1辺約160キロメートルの岩に天女が3年（諸説あり）に一度舞い降りて衣で撫で、その岩が擦り切れてなくなるまでとも表現される。五劫思惟阿弥陀仏の姿は、五劫もの長い時間、衆生を救わんと思惟をこらしたため、髪の毛が伸びた姿といわれる。なお、金戒光明寺は幕末期に会津藩の本陣となった地としても知られ、境内東側の墓地には会津藩殉難者の墓地がある。

　**随心院**は小野小町ゆかりの寺と伝え、境内には深草少将らの手紙を埋めたとされる文塚や化粧井戸などがある。**泉涌寺**は皇室との関わりが深く、「御寺」とも呼ばれる大寺で、極彩色の美しい楊貴妃観音像（重文）は特に有名。**鞍馬寺**は源義経が幼少期を過ごした寺で、毘沙門天三尊立像（国宝）や定慶作の聖観音菩薩立像（重文）などを有する。

**77 解答**
⑦ 金戒光明寺

問
78

本殿前にある狛うさぎをはじめ、招きうさぎ、子授けうさぎ、うさぎおみくじなどが話題の左京区の東天王町にある神社はどこか。

ア 護王神社
イ 大豊神社
ウ 大原野神社
エ 岡崎神社

東天王町にある、ウサギの像や授与品で知られる神社は**岡崎神社**。平安遷都の際、四方に建てられた王城鎮護の社の一つといわれ、「東天王社」とも称する。祭神は素戔嗚尊・櫛稲田姫命とその御子八柱。古くから旧岡崎村の産土神として崇敬され、治承2年（1178）に中宮の御座の奉幣を賜ったことから、安産の神としても信仰を集めるようになったという。ウサギが象徴として用いられる理由は、かつてこの地に野ウサギが多く生息したことや多産であることにちなむ。

**護王神社**は足腰健康のご利益で知られる神社。主祭神である和気清麻呂の窮地をイノシシが救ったという伝説から、境内には狛いのししが配されている。**大豊神社**は鹿ヶ谷付近一帯の産土神。境内末社の一つ・大国社前には狛ねずみが置かれている。**大原野神社**は長岡遷都に際し、奈良の春日大社を勧請したことに始まるといわれる神社。神使である鹿をモチーフにした像や授与品が人気を集めている。

3級

2級

1級

**78 解答**
エ 岡崎神社

問
79

野宮神社から大河内山荘庭園に至る竹が整然と立ち並ぶ散策路で、初冬の「京都・嵐山花灯路」でライトアップが行われるのはどこか。

⑦ せせらぎの道　　　⑦ 竹林の小径

⑦ 維新の道　　　　　① 半木の道

　野宮神社から大河内山荘庭園に至る散策路は、道の両側に竹林が続く、嵐山を代表する観光名所。名を**竹林の小径**という。毎年12月には、一帯が光で彩られる「京都・嵐山花灯路」が開催されるが、令和2年（2020）は新型コロナウイルスの感染拡大防止のため、竹林の小径のライトアップは中止された。

　**せせらぎの道**は川端通の東側、三条通の南から四条通の手前までにかけて整備された遊歩道。松並木に沿うように人工の小川が流れる。**維新の道**は東大路通から京都霊山護国神社へと続く坂道。同神社の社殿東側の山腹には、坂本龍馬をはじめ明治維新に尽力した志士が眠る墓地があり、道を挟んで南側には、幕末維新に特化した幕末維新ミュージアム・霊山歴史館がある。**半木の道**は京都府立植物園の西側、北山通と北大路通の間に設けられた散策路。約750メートルにわたって八重紅枝垂桜の並木が続く。「半木」の名は、植物園内に鎮座する上賀茂神社の境外末社・半木神社に由来する。

**79 解答**
⑦ 竹林の小径

問
80

京都市街の夜景を一望でき、青蓮院の飛地境内である青龍殿があるところはどこか。

ア 将軍塚　　　　　イ 御陵公園
ウ 船岡山　　　　　エ 大岩山

　京都市街を一望する夜景スポットであり、青龍殿＝写真＝があることでも知られる場所は**将軍塚**。この塚は、東山連峰の一つ・華頂山上にあり、平安京を守護するため、武神姿の土偶を埋めたものだといわれている。国家の一大事に鳴動するという伝説があり、『源平盛衰記』や『太平記』にその記述を見ることができる。なお、青龍殿は平成26年（2014）に落慶した青蓮院の大護摩堂。奥殿には国宝の「不動明王二童子像」（通称「青不動」）を安置し、大舞台からは市内一望の大パノラマが楽しめる。

　**御陵公園**は、西京区の京都大学桂キャンパスに隣接する公園。**船岡山**は北区に所在する標高112メートルの丘陵。山上には織田信長・信忠父子を祭神とする建勲神社（正式にはタケイサオ神社）が鎮座する。**大岩山**は伏見区と山科区にまたがる標高183メートルの山。平成22年に山頂付近に完成した大岩山展望所からは、京都市の南西部を一望することができ、夕日や夜景も楽しむことができる。

3級

2級

1級

80 解答
ア 将軍塚

　戦国時代、尾張で勢力を拡げていた織田信長は、足利義昭
を擁して上洛し、室町幕府将軍の座につけた。その時に2人
を結びつける役割を果たしたのが、明智光秀であったといわ
れている。有能な家臣として頭角を現し、信長が元亀2年
(1571)、（　81　）を焼き討ちした後、光秀は近江国（滋賀
県）坂本の所領を与えられ、坂本城を築城した。以後、各地を
転戦するが、丹波の平定は特に大きな功績であった。光秀は
丹波を所領として与えられると、現在の亀岡市にある（　82　）
を築城し、そこを拠点とした。また、（　83　）の石垣は寺
社などの石塔を転用したものとして有名で、近くには光秀を
祀る御霊神社がある。さらに細川藤孝と協力して丹後も平定
した。藤孝と光秀は親しい間柄で、光秀の三女・玉（ガラ
シャ）と藤孝の子・忠興は婚姻関係にあり、現在の長岡京市
にある（　84　）は両者が結婚したところとして像が建てら
れている。

　織田家の重臣として出世していた光秀であったが、天正10
年（1582）に主君である信長を（　85　）で襲い、信長は自
害した。その後、光秀は、中国大返しで備中高松から急いで
引き返してきた織田家の家臣・（　86　）と山崎で戦い、敗
退する。光秀は所領の近江へ逃れる途中、（　87　）で農民
の槍に倒れたといわれる。最期の地と言い伝えられている場

明智光秀肖像画
（岸和田市本徳寺所蔵）

所は「明智藪」と呼ばれている。臨済宗
の（　88　）には「明智風呂」と呼ばれ
る浴室があるが、これは光秀追善のため
に光秀の叔父である密宗和尚が建立した
ものであると伝わる。討たれた信長の墓
は京都市内にも数ヵ所あるとされるが、
なかでも上京区にある（　89　）は、
「織田信長公本廟所」と称されている。
また、明治時代には信長を祭神として、
京都市北区の（　90　）に建勲神社も創
建されている。

(81) ア 愛宕山　　　　　イ ポンポン山
　　　ウ 吉田山　　　　　エ 比叡山

(82) ア 亀山城　　　　　イ 聚楽第
　　　ウ 伏見城　　　　　エ 二条城

(83) ア 福知山城　　　　イ 淀城
　　　ウ 園部城　　　　　エ 周山城

(84) ア 八木城　　　　　イ 妙顕寺城
　　　ウ 勝龍寺城　　　　エ 田辺城

(85) ア 相国寺　　　　　イ 本能寺
　　　ウ 方広寺　　　　　エ 醍醐寺

(86) ア 柴田勝家　　　　イ 前田利家
　　　ウ 滝川一益　　　　エ 羽柴秀吉

(87) ア 鳥羽　　　　　　イ 小栗栖
　　　ウ 一口　　　　　　エ 鶏冠井

(88) ア 泉涌寺　　　　　イ 天龍寺
　　　ウ 信行寺　　　　　エ 妙心寺

(89) ア 源光庵　　　　　イ 芳春院
　　　ウ 阿弥陀寺　　　　エ 大雲院

(90) ア 神楽岡　　　　　イ 船岡山
　　　ウ 双ヶ丘　　　　　エ 稲荷山

**(81) 解説**

　元亀2年（1571）に、信長が焼き討ちにしたのは延暦寺である。延暦寺は近江と山城国境に位置する**比叡山**＝写真＝にある。天台宗総本山で開山は最澄。平安京の鬼門を守るといわれる。

　**愛宕山**は山城と丹波の国境に位置し、火除け・火伏の神として信仰を集める。明智光秀が本能寺に襲撃する数日前に連歌会を催したことで有名。**ポンポン山**は京都市西京区と大阪府高槻市の境界にある標高約679メートルの山。江戸時代には「かもせ山」と呼ばれていた。**吉田山**は、左京区吉田神楽

岡町にある標高約102メートルの小丘。歴史的には神楽岡として有名。山の名は西麓に鎮座する吉田神社に由来。

81 解答　**エ** 比叡山

---

**(82) 解説**

　明智光秀が丹波統治の拠点として現在の亀岡市に築城したのが**亀山城**である。天正6年（1578）頃に築城。光秀敗死後は、羽柴秀吉の重要拠点になった。現在は宗教法人大本の本部が置かれている。

　**聚楽第**（ジュラクテイとも）は豊臣秀吉が天正15年に現・上京区の平安京大内裏跡に築いた城。**伏見城**は伏見区にあった城。秀吉の隠居場として造られた指月城が慶長大地震で倒壊し、改めて木幡山に築かれた。**二条城**と呼ばれる城は複数あり、室町幕府第十三代将軍足利義輝、第十五代将軍義昭、織田信長、徳川家康が建てた城館で、現存するのは家康が造営した城である。

82 解答　**ア** 亀山城

**(83) 解説**

　丹波を攻略した光秀は、横山城を**福知山城**と改めた。その石垣には五輪塔や宝篋印塔（ほうきょういんとう）、一石五輪塔、石仏、石臼などが大量に転用されている。

　**淀城**は、伏見区納所（のうそ）にあった淀古城と伏見区淀の淀城がある。前者は本能寺の変後に光秀が改修したことが記録にみられ、山崎の戦いでも利用されている。のち秀吉側室の茶々の産所になり、茶々は淀殿と呼ばれた。後者は伏見城廃城後、徳川家によって造られた城。**園部城**は、京都府南丹市園部町（なんたん）にあった城。日本で最後にできた城で巽櫓や櫓門が現存する。近世初頭に園部陣屋として築かれた。中世に前身となる城郭の存在は確認されていない。**周山城**（しゅうざん）は右京区京北周山町（けいほくしゅうざんちょう）にあった城で、光秀の築城。明智光忠が入ったとされる。

　　　　　　　　　　　　　**83 解答**　　ア　福知山城

**3級**

**(84) 解説**

　細川忠興（ただおき）と明智玉（たま）の婚礼は、天正6年（1578）年8月に玉が**勝龍寺城**（しょうりゅうじ）＝写真＝に輿入（こし）れするという形で挙行された。その後、宮津に移るまでの3年間に長女と長男をもうけた。

　**八木城**（やぎ）は京都府南丹市と亀岡市にまたがって存在した城。天正3年からの光秀の丹波攻略により、以後その支配下に置かれる。光秀が改修するも後に廃城となる。**妙顕寺城**（みょうけん）は上京区にある鎌倉時代後期に日像（にちぞう）が建立した日蓮宗寺院・妙顕寺を移した後に豊臣秀吉が堀を巡らせ天守をあげた城である。聚楽第（じゅらくだい）（ジュラクテイとも）ができるまで、秀吉はここを政庁と

した。**田辺城**は、京都府舞鶴市にある城で、信長の命で一色氏を滅ぼし、丹後を制圧した細川藤孝（ふじたか）が宮津城に次いで造った城。

　　　　　　　　　　　　　**84 解答**　　ウ　勝龍寺城

**2級**

**1級**

**(85) 解説**

　光秀は**本能寺**にて信長を討った。本能寺は、中京区にある法華宗本門流の大本山。当初は本応寺と号し、応永22年（1415）、日隆によって創建された。信長の宿所となった本能寺は西洞院大路、油小路、六角小路、四条坊門小路（現・蛸薬師通）の方一町に位置＝写真は本能寺跡碑＝。周囲は堀で囲まれ、内部も堀で区画され、一部に石垣を積み上げた城郭の構えであったことが分かっている。天正19年（1591）、秀吉の命により現在地に移転。

**相国寺**は上京区にある臨済宗相国寺派の大本山。**方広寺**は、東山区にある天台宗の寺院。豊臣秀吉が大仏を発願し、安置した寺。**醍醐寺**は、伏見区にある真言宗醍醐派総本山。豊臣秀吉が「醍醐の花見」をしたことでも知られる。

85 解答　**イ 本能寺**

**(86) 解説**

　**羽柴秀吉**（1537〜98）は備中高松城で毛利方と交戦中に信長の死を知り、毛利方と和睦を結んで撤退。6月13日の山崎の戦いで明智光秀を破った。はじめ木下藤吉郎と名乗っていたが、信長に仕えると羽柴秀吉と名乗った。

　**柴田勝家**（？〜1583）は、織田信秀、信行、信長に仕えた武将。信長亡き後、秀吉と対立し、賤ケ岳の戦いで敗れ、退いた北ノ庄城で自害した。**前田利家**（1538〜99）は、少年の頃より信長に仕え、のち秀吉に仕える。豊臣政権の五大老の一人。加賀藩前田家の祖である。**滝川一益**（1525〜86）は、信長に仕え、本能寺の変後は柴田勝家と組み、秀吉と対立するも下る。小牧・長久手の戦いで徳川家に敗れ出家した。

86 解答　**エ 羽柴秀吉**

**(87) 解説**

「明智藪」＝写真は跡碑＝があるのは伏見区の**小栗栖**（オグルスとも）である。光秀は、近江国坂本を目指して伏見から山科へ向かう途中、小栗栖で飯田一党の襲撃を受けて討たれたという（諸説あり）。近くの本経寺には供養塔がある。胴塚は山科区勧修寺にある。

**鳥羽**は、伏見区と南区にまたがる。平安京の南で桂川と鴨川が合流する地点である。

**一口**は、「いもあらい」と読む。久世郡久御山町東一口西一口にあたる。淀と共に南から京都へ入る要地である。

**鶏冠井**は「かいで」と読み、向日市にある地名。「鶏冠井」という井戸に由来するという。

87 解答　**イ** 小栗栖

**(88) 解説**

「明智風呂」と呼ばれる浴室がある**妙心寺**＝写真＝は、右京区にある臨済宗妙心寺派大本山で、建武4年（1337）創建。開基は花園法皇で開山は関山慧玄、無相大師である。

**泉涌寺**、は東山区にある真言宗泉涌寺派総本山。建保6年（1218）に月輪大師が創建し、清泉が湧くことから泉涌寺と名付けた。**天龍寺**は、右京区にある臨済宗天龍寺派大本山。後醍醐天皇の菩提を弔うために暦応2年（1339）、足利尊氏

が創建し、夢窓疎石を開山とする。**信行寺**は、左京区にある伊藤若冲ゆかりの寺。若冲晩年の作である天井画の花卉図が知られる。

88 解答　**エ** 妙心寺

**(89) 解説**

　上京区の**阿弥陀寺**＝写真＝には織田信長・信忠父子の墓がある。開山清玉は織田家にて成長し庇護を受けた僧。正親町天皇も帰依し、東大寺勧進職を賜る。信長も厚く帰依し、京における織田家菩提寺として一条大宮を中心とし伽藍を整備した。本能寺の変の時、清玉が駆けつけ信長らの遺骸を引き取り、同寺に埋葬したと伝える。

　**源光庵**は、北区鷹峯にある曹洞宗寺院。貞和2年（1346）、大徳寺の徹翁国師が開いたものだが、元禄7年（1694）、卍山禅師が再興し、これより曹洞宗となる。**芳春院**は、北区紫野にある臨済宗大徳寺派の寺院で大徳寺の塔頭である。京の四閣の一つ「呑湖閣」がある。**大雲院**は、東山区にある浄土

宗系の単立寺院。天正年間（1573〜93）に信長父子の菩提を弔うために貞安上人が創建。信長父子供養塔がある。

89 解答　**ウ** 阿弥陀寺

---

**(90) 解説**

　信長を祭神とする建勲神社（正式にはタケイサオ神社）＝写真＝は北区の**船岡山**にある。標高約112メートルの小丘陵で、山容が船の形に見えることが名の由来。平安京の正中線を北に伸ばすと山頂に当たり、京の設定基準となったといわれ、四神でいうと玄武になぞらえられる。

　**神楽岡**は左京区にある吉田山のこと。**双ヶ丘**は右京区御室仁和寺の南にある丘。北から南へ一ノ丘、二ノ丘、三ノ丘と

三つの丘が連続することからこの名がある。**稲荷山**は伏見区と山科区、東山区にまたがる山。西麓に伏見稲荷大社が祀られる。

90 解答　**イ** 船岡山

**10** 京都市バス100系統は、京都駅を起点に、銀閣寺エリアまで北上する、京都観光に人気の系統である。次の記述について、（　　　）に入れる最も適当なものをア～エから選びなさい。(91)～(100)

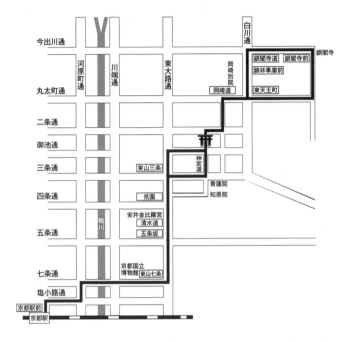

※この地図は、京都市バス100系統のルートを大まかに示したものです。

**問91**

京都駅を出発すると、七条河原町の交差点を東に進む。七条通に面し、京都国立博物館の南に位置する蓮華王院は通称（　　　）と呼ばれ、千体の木造千手観音立像（国宝）で知られている。

ア 方広寺　　　　　　　イ 養源院

ウ 三十三間堂　　　　　エ 法住寺

**三十三間堂**は、柱の間の数が33あることが由来。長寛2年（1164）に後白河上皇が発願し、平清盛が寄進して創建された。現在の三十三間堂は文永3年（1266）に本堂のみが再建されている。千手観音坐像（国宝）は大仏師湛慶作で、風神・雷神像（国宝）、二十八部衆立像（国宝）がある。

**方広寺**は、豊臣（羽柴）秀吉が東大寺の大仏にならって大仏殿建設を目指したが、地震や火災により、慶長17年（1612）に息子の秀頼が完成。

**養源院**は秀吉の側室・淀殿が創建、その後、淀殿の妹・崇源院が伏見城の遺構を移して再建。その際、本堂の襖12面と杉戸8面を描いたのは、琳派の絵師・俵屋宗達である。

**法住寺**の不動明王が「身代りさん」と呼ばれるようになったのは、木曽義仲が後白河法皇を襲撃したが、命を奪われる寸前で法皇を守ったのが不動明王であったことに由来。

91 解答
ウ 三十三間堂

**10** 京都市バス100系統は、京都駅を起点に、銀閣寺エリアまで北上する、京都観光に人気の系統である。次の記述について、（　　　）に入れる最も適当なものをア〜エから選びなさい。

**問 92**

東大路通に突き当たると北上する。東山七条付近にある（　　　）は、長谷川等伯・久蔵父子による金碧障壁画「桜図」・「楓図」（いずれも国宝）が現存する真言宗智山派の総本山である。

ア 東福寺　　　　　イ 今熊野観音寺
ウ 来迎院　　　　　エ 智積院

3級

**智積院**は真言宗智山派総本山。「桜図」は金箔を使った絢爛豪華な色彩。力強い桜の大木を描き、絵の具を盛り上げる手法を用いている。長谷川等伯の子・久蔵が25歳で描いた作品だが、翌年久蔵は死去。等伯は、息子の分まで精進しようと鼓舞し、「楓図」を描き上げたといわれている。

**東福寺**は臨済宗東福寺派大本山。開山は円爾弁円（エンジベンエンとも）。東大寺と興福寺の各一字をとって寺名とした。三門および「無準師範像」、「無準師範墨蹟 円爾印可状」は国宝。

2級

**今熊野観音寺**は、弘法大師空海が熊野権現の化身のお告げのままに一堂を建立。自ら一寸八分の十一面観世音菩薩像（本尊・秘仏）を刻んで、体内仏として納め、奉安されたのが始まりとされる。

**来迎院**は、泉涌寺の塔頭寺院。創建は空海とされ、わが国最古の荒神坐像（重文）を祀る。境内には「忠臣蔵」で知られる大石内蔵助が建てた茶室「含翠軒」があり、軒下には内蔵助の筆による扁額が掲げられている。

1級

**92 解答**
エ 智積院

**問 93**

清水道のバス停を過ぎると見えてくる安井金比羅宮には（　　　）碑があり、おふだを持ち、念じながらその中の穴を表からくぐると悪縁を断ち、裏からくぐると良縁を結ぶといわれている。

ア 縁切り・縁結び

イ 商売繁盛

ウ 五穀豊穣

エ 疫病退散

　安井金比羅宮は、藤原鎌足が紫色の藤を植え、藤原家一門の繁栄を祈願して創建した「藤寺」が始まり。絵馬の形をした**縁切り・縁結び**碑は、高さ約1.5メートル、幅約3メートルの巨石。形代と呼ばれる身代わりのおふだがびっしりと貼られている。

　「えべっさん」の愛称で親しまれる恵美須神社は、正月の十日えびす・10月の二十日えびすで聞かれる「**商売繁盛**、笹もってこい」のゑびす囃子が有名。また、伏見稲荷大社では古くは朝廷が**五穀豊穣**を願って公の願い事を行ったと記録されている。なお、本殿の中央に祀られている宇迦之御魂大神は、諸説あるが保食神としても有名。

　京都の夏の風物詩でもある祇園祭は、八坂神社の祭礼。貞観11年（869）、京の都をはじめ日本各地に疫病が流行した際に、神泉苑で66本の矛を立てて祇園社の神を祀り、災厄の除去、**疫病退散**を祈ったことが始まりとされている。

93 解答
ア 縁切り・縁結び

**問 94**

祇園のバス停を過ぎると右手に知恩院がある。その三門（国宝）は、江戸幕府二代将軍（    ）が建立した門で、現存する二階建ての二重門としては日本最大級とされる。

ア 徳川家康　　　　　イ 徳川秀忠

ウ 徳川家茂　　　　　エ 徳川慶喜

　知恩院の三門＝写真＝は、家康から造営を引き継いだ江戸幕府二代将軍**徳川秀忠**（1579〜1632）が元和7年（1621）に造立。高さ約24メートル、横幅約50メートル、屋根瓦約7万枚。その後、寛永10年（1633）の火災時に三門、経蔵、勢至堂を残して知恩院は全焼したが、三代将軍家光のもとで再建された。

　**徳川家康**（1542〜1616）は初代将軍。家康は熱心な浄土宗信者だったことから知恩院を京都における永代菩提所と定めた。これに伴い寺領が拡張。以後、江戸幕府の全面援助が続き、知恩院の発展に大きく寄与した。

　**徳川家茂**（1846〜66）は十四代将軍。文久2年（1862）、家茂から京都守護職を命じられた会津藩主・松平容保は本陣に金戒光明寺を選んだ。金戒光明寺は知恩院と同じく、城のような構えで大軍が攻め込みにくい城門があったため最適だと考えた。**徳川慶喜**（1837〜1913）は、十五代将軍であり、江戸幕府最後の将軍。

94 解答
イ 徳川秀忠

3級

2級

1級

問
**95**

知恩院の北には巨大なクスノキが門前にある青蓮院
がある。そこは通称（　　　）と呼ばれる日本三大
不動の一つ、不動明王二童子画像（国宝）を所蔵し
ている。

ア 赤不動　　　　　　　イ 青不動

ウ 黄不動　　　　　　　エ 白不動

　青蓮院は天台宗三門跡の一つで、比叡山東塔の青蓮坊が始
まり。日本三大不動の「不動明王二童子像」は、**青不動**と呼
ばれて国宝に指定されている。ほかに豊臣秀吉の寄進と伝わ
る「御輿型燈籠」がある。

　**赤不動**は、和歌山・高野山明王院に伝わる不動明王二童子
像の通称。不動は右手に倶利迦羅剣を、左手に羂索、火炎を
背に岩上に半跏に座し、二童子を描く。

　**黄不動**は、三井寺（園城寺）の秘仏「不動明王画像」（国
宝）。智証大師円珍が坐禅中に金色の不動明王が現れ、早く
密教を極めて衆生を導けと示した故事で知られる。三井寺の
原本「絹本著色」は両足を踏まえて正面向きに立ち、虚空に
浮び全身黄色に染まる。

　**白不動**は、白い木造不動明王立像（重文）として京都府木
津川市の神童寺にて拝観できる。

95 解答
イ 青不動

**10** 京都市バス100系統は、京都駅を起点に、銀閣寺エリアまで北上する、京都観光に人気の系統である。次の記述について、（　　　）に入れる最も適当なものを ア～エ から選びなさい。

**問 96**

神宮道を進み、朱色の大鳥居をくぐると、正面に（　　　）が見えてくる。そこは、桓武天皇と孝明天皇を祭神とし、平安奠都千百年紀念祭に際し創建された。

ア 粟田神社
イ 熊野神社
ウ 平安神宮
エ 大豊神社

**平安神宮**は、明治28年（1895）に桓武天皇を祀る官幣大社として創建され、後に孝明天皇が合祀された。拝殿は平安京大極殿（だいごくでん）の8分の5の大きさで、応天門を模した神門と共に色彩鮮やかな建造物である。

**粟田神社**は、京の七口の一つである粟田口に鎮座し、古くから旅立ち守護の神として崇敬を集めている。旧社名は「感神院新宮」「粟田天王宮」と呼ばれていたのが、明治時代に入って「粟田神社」と改められた。

**熊野神社**は、祭神は夫婦神である伊弉諾尊（いざなぎのみこと）・伊弉冉尊（いざなみのみこと）、その子・天照大神。縁結び・安産の御利益や、病気平癒のご祈願としても知られる。現在の本殿は下鴨神社から移築された。

**大豊神社**は、鹿ケ谷・南禅寺一帯の産土の神として、また、境内にある大国社には祭神・大国主命を助けたという故事にちなみ狛犬代わりの狛ねずみ（おおくにぬしのみこと）があり、「ねずみの社」として参拝者が全国から訪れる。宇多天皇の病気平癒を願って藤原淑子が創建したと伝わる。

96 解答
ウ 平安神宮

**問 97**

ゾウを間近で見ることのできる（　　　）は明治36年（1903）に開業したもので、日本で2番目に古い。このあたりには平安時代に法勝寺の八角九重塔があった。

ア 京都市動物園　　　　　イ 京都市勧業館

ウ 京都市京セラ美術館　　エ 京都国立近代美術館

　**京都市動物園**＝写真＝は、大正天皇の結婚を記念して開園。東京・上野動物園に次いで歴史のある動物園として知られる。平成27年（2015）にリニューアルオープン、入園料不要の「図書館カフェ」なども新設された。ニシゴリラの日本初となる繁殖に成功しただけでなく、日本で唯一の3世代飼育に成功している。

　**京都市勧業館**は平成8年に平安建都1200年記念事業として建設された。「京都伝統産業ミュージアム」や展示場、会議室がある。愛称は「みやこめっせ」である。

　京都市美術館は、昭和3年（1928）に京都で行われた昭和天皇即位の大礼を記念して昭和8年に大礼記念京都美術館として開館し、同27年に京都市美術館に改称。国内現存最古の公立美術館建築である本館は、令和2年（2020）に通称を**京都市京セラ美術館**としてリニューアルオープン。同年「国の登録有形文化財」に登録された。**京都国立近代美術館**は、独

立行政法人国立美術館が運営する美術館である。日本画、洋画や河井寛次郎の陶芸などで知られる。

**97 解答**
**ア** 京都市動物園

問
98

岡崎道のバス停を過ぎると丸太町通沿いに岡崎別院
がある。ここは浄土真宗の宗祖である（　　　）が
住んでいたとされる。

ア 法然　　　　　　　　イ 道元

ウ 栄西　　　　　　　　エ 親鸞

3級

2級

1級

　**親鸞**（1173～1262）は『親鸞聖人正統伝』（伝記）によ
ると、29歳で比叡山を下りてこの地に草庵をむすび、法然のも
とに通ったという。現在の本堂は享和元年（1801）に創建。
岡崎別院の鏡池（または姿見池）＝写真＝は、親鸞が越後配
流のおりに姿を映して名残を惜しんだと伝えられる。

　**法然**（1133～1212）は、浄土宗の開祖。東山吉水に草庵を
むすんで布教した。法然の説いた教えは、念仏を唱えさえす
れば、全ての人が救われるという画期的なものであった。そ
のため、皇族・貴族をはじめ武士や一般庶民のあらゆる層の
人々が法然に帰依した。東山大谷の地で入寂。**道元**（1200～
53）は、日本曹洞宗の開祖である。宇治木幡の松殿山荘で生
まれたと伝わるが、早くに両親と死別し、無常を感じて天台
座主公円について出家し仏門に入る。教学に疑問を持ち、宋
（中国）へ渡り、帰朝して宇治に興聖寺、越前に永平寺を開
き曹洞禅を伝えた。**栄西**（ヨウサイとも）（1141～1215）は日
本に臨済宗を本格的に伝えた。建久2年（1191）に帰朝して

鎌倉に寿福寺を開山、京都に建
仁寺を建てた。茶祖としても知
られる。

98 解答
エ 親鸞

**問 99**

若王子橋から銀閣寺橋までの琵琶湖疏水分線に沿う(　　　)は、西田幾多郎など哲学者が散歩したことによって名がついたとされる。

ア 哲学の道
イ きぬかけの路
ウ あじろぎの道
エ 千代の古道

明治23年（1890）に琵琶湖疏水・疏水分線が竣工。この近辺には、多くの学者や文化人が近辺に住んだことから「文人の道」「哲学の小径」「散策の道」「思索の道」「疏水の小径」などと呼ばれていた。日本画家の橋本関雪と妻が約300本の桜の苗木を寄贈。昭和44年（1969）に住民らが疏水分線の保全運動を進め、「哲学の道保勝会」を発足。若王子橋から銀閣寺橋に至る疏水に沿った小道を「**哲学の道**」＝写真＝と呼び、春の桜や秋の紅葉の時季には毎年観光客でにぎわう。

　**きぬかけの路**は、金閣寺・龍安寺・仁和寺、京都市北西部の3つの世界遺産を巡る観光道路として知られる。

　**あじろぎの道**は、平等院前から宇治川の左岸に沿った散策道。一方、右岸の道が「さわらびの道」。宇治上神社や源氏物語の宇治十帖ゆかりの石碑が点在する。**千代の古道**は、嵯峨野方面の散策の際に「千代の古道」と書かれた道標石碑が目につく。平安時代前期の歌人・在原行平が嵯峨天皇をしのんで和歌を残した。

**99 解答**
ア 哲学の道

**10** 京都市バス100系統は、京都駅を起点に、銀閣寺エリアまで北上する、京都観光に人気の系統である。次の記述について、（　　　）に入れる最も適当なものを㋐〜㋓から選びなさい。

**問 100**

銀閣寺は、室町幕府八代将軍足利義政が建てた山荘を禅寺にしたもので、正式名称は（　　　）である。

㋐ 鹿苑寺　　　　　　　㋑ 法輪寺
㋒ 慈照寺　　　　　　　㋓ 華厳寺

　**慈照寺**は、金閣寺と共に臨済宗相国寺派の山外塔頭寺院。通称は銀閣寺。延徳2年（1490）、義政の菩提を弔うため、山荘東山殿を禅寺にした。長享3年（1489）、銀閣（正式名称は観音殿）の建築に取りかかるが、義政は銀閣の完成を見ることなく翌年この世を去る。現存する遺構は銀閣と呼ばれる楼閣建築と東求堂のみ（共に国宝）。

　**鹿苑寺**は、三代将軍足利義満が山荘北山殿を造ったのが始まりとされている。建物の内外に金箔を貼った三層の楼閣建築である舎利殿は金閣、舎利殿を含めた寺院全体は金閣寺として知られる。

　**法輪寺**は、和銅6年（713）に行基が元明天皇の勅願により建立。『今昔物語』や『枕草子』にも記された真言宗の古寺として知られる。空海の弟子・道昌がこちらに自ら彫った虚空蔵菩薩を安置した。

　**華厳寺**は、臨済宗の寺院。山号は妙徳山。鈴虫が四季を通じて鳴いているため、通称「鈴虫寺」と呼ばれている。

3級

2級

1級

100 解答
㋒ 慈照寺

# 2級

## 問題と解答・解説
### 100問

問1

平安京の地相は四神相応の地であるとされる。南方を守護する朱雀にあたるのはどれか。

⑦ 巨椋池　　　　　④ 山陰道
⑦ 船岡山　　　　　④ 鴨川

　平安京の地相が四神相応の地であるとみたとき、南方を守護するのは朱雀にあたる**巨椋池**である。四神は、天の四方の星宿。また、その方角をつかさどる神のことで、東の青龍、西の白虎、南の朱雀、北の玄武の霊獣をいう。四神相応とは、地相からみて、天の四神に応じた最良の土地柄のこと。すなわち、左方（東）は青龍にふさわしい流水、右方（西）は白虎の大道、前方（南）は朱雀のくぼんだ湿地、後方（北）は玄武の丘陵を有すること。官位・福禄・無病・長寿を合せ持つ地相とされる。

　平安時代末期の造庭書『作庭記』に「東に流水があるのを青龍（中略）、西に大道があるのを白虎（中略）、南前に池があるのを朱雀（中略）、北後に岳があるのを玄武」という記述がある。これが方位と地形を組み合わせたわが国最古の記録である。鎌倉時代後期までに、平安京の地勢にあてはめ、玄武は**船岡山**、朱雀は巨椋池、青龍は**鴨川**、白虎は**山陰道**といわれるようになった。

1 解答
⑦ 巨椋池

**問2**

平安京の大内裏の南側で朱雀門に面し、貴族の邸宅などが並んでいた東西の通りはどれか。

ア 一条大路　　　　イ 二条大路
ウ 三条大路　　　　エ 四条大路

　平安京の大内裏の南側で朱雀門に面し、貴族の邸宅などが並んでいた東西の通りは、**二条大路**である。総幅17丈（約51メートル）で、朱雀大路（28丈）に次ぐ広さを誇る。現在の二条通にほぼ該当する。大路沿いには冷泉院、朱雀院、堀河院、閑院、東三條殿など高級住宅が立ち並んでいた。後世、京都を北と南に分ける基準ともなり、上京と下京を分ける基準線ともなった。

　**一条大路**は、平安京の最北端を東西に走る大路。『延喜式』には北極大路ともある。幅は10丈とも12丈ともいわれる。現在の一条通に相当する。**三条大路**は、平安京の東西の大路で幅は8丈。大路の北で大内裏との間に広大な神泉苑や左右京職や大学寮など教育機関が置かれた。6月の祇園御霊会の祭列が通るため桟敷が設けられた。現在の三条通に相当する。**四条大路**は、平安京を東西に走る大路。路幅は8丈。邸宅や官衙からは離れるが、平安京の中心部ゆえ商業活動が活発で、多くの人が住んでいた。現在の四条通に該当する。

3級

2級

1級

2 解答
イ 二条大路

問 3

平安京の復元模型などが展示されている京都市平安京創生館のある京都アスニーの敷地からは、発掘調査によって高床式倉庫とされる柱跡が出土した。これは、平安宮の何の役所の倉庫であったか。

⑦ 神祇官　　　　　　　イ 主水司
ウ 造酒司　　　　　　　エ 典薬寮

　造酒司（ゾウシュシとも）の倉庫跡と考えられる。造酒司は、宮内省に属し、平安宮内では一町四方ほどの役所で、酒や醴、酢を醸造し、儀式や宴会のときに出していた。発掘調査で検出された高床式倉庫は、酒や酢の材料や醸造された酒を保管するための施設と考えられている。現在、エントランス前の床面に柱跡が表示され、遺構は保存されており、出土土器も同館内に展示されている＝写真は造酒司倉庫跡碑＝。
　神祇官（カンツカサとも）は、律令制の中で太政官と並ぶ最高官庁の一つ。朝廷の祭祀をつかさどり、諸国の官社を統括した。平安宮外郭十二門の一つ、郁芳門の西南に位置した。主水司（モイトリノツカサとも）は、宮内省に属し、飲用水や氷室など水に関する行事をつかさどる。官舎は宮内省の北、大膳職の西側に位置した。典薬寮（クスリノツカサとも）は、宮内省に属し、医薬のことをつかさどった役所。平安宮内では造酒司の南側に位置した。

3 解答
ウ 造酒司

**問4** 鎌倉時代、六波羅探題のもとで市中警護のために京中48ヵ所の辻々に設置された詰所のことを何というか。

⑦ 篝屋　　　　　　　　⊘ 京都所司代
⑨ 京職　　　　　　　　⊆ 大番役

　鎌倉幕府は京都に出先機関としての六波羅探題を置いた。六波羅探題は北方と南方に分かれており、そのそれぞれに北条氏の有力者が派遣されて責任者となっていた。その職掌は、京都の治安維持、朝廷の監視、西国の御家人に関する裁判などであった。幕府の御家人は交代で京都に来て、天皇の内裏と市中の警護にあたる義務を負わされていた。これが「**大番役**」である。御家人の中には京都に常駐する「在京御家人」も存在した。六波羅探題は、京中の48ヵ所に**篝屋**という詰所を設け、そこに在京御家人を配置して市中の治安維持につとめていた。

　**京都所司代**は、江戸幕府の京都の出先機関であり、京都およびその近郊の行政、朝廷・公家・寺社や西国の大名の監視にあたった。**京職**は律令国家において設けられた首都の行政組織で、左京・右京それぞれを管轄する左京職と右京職に分かれていた。

3級

2級

1級

4 解答
⑦ 篝屋

■ 歴史・史跡に関する記述について、最も適当なものを⑦～■から選びなさい。

問
5

鎌倉幕府を倒して親政を行うも、後に足利尊氏と対立して吉野に南朝をたてた天皇で、崩御後にはその冥福を祈るために尊氏が天龍寺を創建したことでも知られる人物は誰か。

⑦ 後醍醐天皇　　　　　イ 亀山天皇
⑦ 後小松天皇　　　　　■ 後花園天皇

　**後醍醐天皇**は大覚寺統の後宇多天皇の子であり、兄の後二条天皇が若くして崩じたため即位したが、やがては持明院統に皇位を譲らなければならないことになっており、それに不満を抱いた天皇はこうした体制の保証役となっていた鎌倉幕府の討滅を決意した。最初は失敗して隠岐に配流されるという憂き目を見たが、ついには幕府を滅ぼすことに成功、建武の新政を開いた。しかし武士たちの不満を受けた足利尊氏の反乱にあって新政は瓦解、大和国吉野に逃れて、尊氏の立てた京都の朝廷（北朝）に対する南朝を開いた。

　**亀山天皇**は後醍醐天皇の祖父で、大覚寺統の初代である。**後小松天皇**は初め北朝第六代として即位。のちに、足利義満による南北朝合体により第百代天皇となった。**後花園天皇**は室町時代前期の天皇で、皇統の傍流となっていた伏見宮家に生まれたが、後小松天皇の子の称光天皇の崩御の後を受けて天皇となった。

5 解答
⑦ 後醍醐天皇

問 6

豊臣秀吉が築城した最初の伏見城（指月城）が被害を受けた文禄5年（1596）の災害は何か。

ア 落雷　　　　　　　　イ 洪水
ウ 大雪　　　　　　　　エ 地震

天正19年（1591）、豊臣秀吉は甥の秀次に関白の座と京都政庁である聚楽第を譲り、自らは伏見に新しい城を建ててそこに移った。これが「指月城」とも呼ばれる最初の伏見城である。この城は文禄の役の和平交渉のために来日する明の使者を迎えるために大々的に改築されたものの、文禄5年（慶長元年、1596）に「慶長の大地震」が起き、全壊した。秀吉は即座にその北東方の丘陵に伏見城を再建した。これが2代目の伏見城（木幡山城）である。

木幡山城から宇治川を挟んだ南側には同城の出城である向島城が築かれていたが、巨椋池に面する低湿地であったため、文禄4年（1595）の洪水で大きな被害を受けている。秀吉が大仏を安置した「東山大仏殿」（後の方広寺）は慶長の大地震によって大仏が崩れた後、秀吉の子の豊臣秀頼が大仏殿を再建したが、これは寛政10年（1798）に落雷によって焼失した。なお、京都の場合には大雪は少ないが、寛平4年（892）には3尺（約90センチメートル）の積雪をみている。

3級

2級

1級

6 解答
エ 地震

寛永3年（1626）、上洛した大御所徳川秀忠と将軍徳川家光が後水尾天皇を迎えた場所はどこか。

⑦ 勝龍寺城　　　　　　イ 二条城

ウ 淀城　　　　　　　　⊥ 亀山城

　寛永3年（1626）、江戸幕府の三代将軍徳川家光は父の秀忠（二代将軍）と共に上洛し、**二条城**に後水尾天皇の行幸を迎えた。それに先立って二条城は大々的に拡張され、二ノ丸には壮麗な行幸御殿が建てられると共に、本丸には5層の天守があげられた。家光は天皇を自らの城に迎えることにより、徳川家の天下が定まったことを世に示すことができたのである。江戸時代に描かれた『洛中洛外図屏風』には、後水尾天皇の二条城行幸の様子が描かれている。

　**勝龍寺城**は京都府長岡京市にあった中世の城郭で、織田信長の政権下では細川藤孝（幽斎）の居城となり、山崎の戦いの際には明智光秀の拠点となっている。**淀城**は京都市伏見区にあった城で、豊臣秀吉の側室・淀殿に与えたことで知られる。江戸時代にはその近くに新しい淀城が築かれ、18世紀以降は稲葉家10万石の居城であった。**亀山城**は京都府亀岡市にあった城で、明智光秀が丹波国を領有した際に築城し、江戸時代には松平氏などの居城となった。

7 解答
イ 二条城

| 問 8 | 江戸時代、木屋町通周辺には諸藩の藩邸が置かれたが、旧立誠小学校のあたりにあったのはどれか。 |
|---|---|

ア 加賀藩邸　　　イ 福井藩邸
ウ 土佐藩邸　　　エ 彦根藩邸

　豊臣時代、大名屋敷は秀吉・秀次の居城聚楽第の周囲に建設された。ところが徳川時代には多くの大名は二条城のそばに集められず、独自に建設地を選んだ。

　長州藩は、元和5年（1619）、二条通下ル高瀬川沿いに設置した。運輸の便を考えての立地と判断できる。これに続き、万治3年（1660）までに加賀藩が長州藩の南隣地に藩邸を営んでいる。

　土佐藩は、初代一豊の死後の慶長11年（1606）、後室見性院が、秀吉正室高台院邸（京都新城、現京都仙洞御所の地）そばの丸太町通富小路西入ル桑原町に**土佐藩邸**を営んだ。見性院死後、寛永5年（1628）に仙洞御所に近接していることを理由に放棄し、別の場所に藩邸を求める。それが安永3年（1774）に取得した河原町三条下ル備前島町で、現在の元立誠小学校の地にあたる＝写真は土佐藩邸跡碑＝。

　**彦根藩邸**は貞享3年（1686）以前、禁裏そばの丸太町通烏丸西入ルに存在したが、天明6年（1786）から天保2年（1831）の間に木屋町三条下ルの讃岐丸亀藩邸跡に入った。

3級

2級

1級

8 解答
ウ 土佐藩邸

問
**9**

文久3年（1863）に上洛し、二条城に入った江戸幕府の第十四代将軍は誰か。

**ア** 徳川慶喜 　　　　　　**イ** 徳川家茂

**ウ** 徳川昭武 　　　　　　**エ** 徳川家慶

　徳川将軍初代家康も二代秀忠も二条城に宿泊することはほとんどなく、宿泊は伏見城でしていた。豊臣秀吉以来の公儀の城だったからである。二条城は社交の場にすぎなかった。

　初めて宿泊した将軍は、伏見城を廃したのちの三代家光であるが、寛永11年（1634）を最後に、将軍上洛は停止した。

　上洛再開は、幕末の文久3年（1863）である。十四代**家茂**は、西洋との間に結んだ通商条約破棄（攘夷）の日程を孝明天皇に返答するため滞京する。その後も家茂は2度上洛する。いずれも宿泊地は二条城であった。

　慶応2年（1866）、大坂城で死去した家茂に代わって、**慶喜**が将軍になる。慶喜は将軍になる以前、二条城南の若狭小浜藩邸に住んでいた。将軍就任後も変わりなかったが、内大臣に就任した慶応3年9月、ようやく二条城に入る。そのわずか1カ月後が大政奉還で、すぐ大坂城に移る。家茂を除いて二条城の将軍使用頻度は低い。

　**徳川昭武**は慶喜の異母弟。将軍在職経験はない。**徳川家慶**は十二代将軍。上洛経験はない。

**9** 解答
**イ** 徳川家茂

問 10

現存する日本最古の鉄道関係施設である煉瓦造のランプ小屋があるJR奈良線の駅はどこか。

ア 加茂駅　　　　　イ 桃山駅

ウ 園部駅　　　　　エ 稲荷駅

　JR西日本の**稲荷駅**には、国鉄最古の建造物とされる煉瓦造のランプ小屋がある＝写真＝。稲荷駅の開業が明治12年（1879）8月であり、開業と同時にランプ小屋が完成したとみられる。

　稲荷駅のランプ小屋の平面は、梁間3.3メートル×桁行2.7メートルの約8.9平方メートルで、煉瓦造の平屋建である。線路側の中央に出入り口、道路側の背面に窓があり、これらの開口部は、上部を水平に仕上げたフラットアーチの手法による。煉瓦の組積法は、線路側にある扉の奈良方向の片側は厳密なイギリス積みで、ほかはオランダ積みで仕上げられている。

　ランプ小屋とは、電灯がまだ普及していなかった時代に、駅や客車内で使用する石油ランプや、その燃料である油類を保管していた停車場施設の一種である。なお、稲荷駅のランプ小屋の建築年代については研究者による異説もある。

　**加茂駅**は明治30年に奈良経由で大阪と名古屋を結ぶ関西鉄道の駅として開業。国有化により関西本線、その後JR西日本の駅となった。**桃山駅**は明治28年、奈良鉄道の駅として開業。合併で関西鉄道、その後国有化されJR西日本の駅。**園部駅**は明治32年、京都鉄道の嵯峨駅からの延伸で終着駅として開業。国有化され、帝国鉄道庁の駅を経てJR西日本の駅となった。

**10 解答　エ 稲荷駅**

**2** 神社・寺院に関する記述について、最も適当なものを ア ～ エ から選びなさい。(11)～(20)

問
11

祭神は水の供給を司る神様として崇められ、平安時代には雨乞・雨止み祈願で勅使も遣わされた神社はどこか。

ア 上賀茂神社　　　　イ 大原野神社
ウ 貴船神社　　　　　エ 梨木神社

　**貴船神社** = 写真 = は鴨川水源の水神として信仰を集めてきた。創建の年代は不詳であるが、天武天皇白鳳6年（677）にはすでに御社殿造替が行われたとの社伝が存在することから、創建は極めて古いと考えられる。清水の湧き出る霊境吹井を見つけた玉依姫がここに祠を建てたのが、貴船神社の起源とも伝えられている。7月7日には「貴船の水まつり」が行われ、奉茶式・舞楽奉納に続き、生間流の式庖丁が披露される。

　**大原野神社**は長岡京遷都にあたって、桓武天皇の皇后である藤原乙牟漏（760～90）が春日社の神霊を勧請したことに始まると伝えられ、藤原氏の氏神として信仰された。境内には樹齢70年を超える「千眼桜」がある。1本の枝に多くの花が咲き、眼がたくさんあるように見えることからこの名がついた。**梨木神社**は明治18年（1885）に創建された。境内の井戸「染井」の水は、京の三名水の一つとして有名。

11 解答
ウ 貴船神社

神社・寺院に関する記述について、最も適当なものをア～エから選びなさい。

**問 12** 祭神が『源平盛衰記』に嫉妬の神として記されており、縁切りの神として悪縁を切る効験があると伝わる神社はどこか。

ア 河合神社　　　　イ 橋姫神社

ウ 御髪神社　　　　エ 安井金比羅宮

**橋姫神社**の祭神・瀬織津姫は橋姫と呼ばれ、宇治橋の守護神だったが、嫉妬の神として伝えられていく。安永8年(1779)刊行の鳥山石燕『今昔画図続百鬼』の「橋姫」絵図には、「橋姫の社は山城国宇治橋にあり、橋姫はかほかたちいたりて醜し、故に配偶なし、ひとりやもめなる事をうらみ、人の縁辺を妬む給ふと云」とあり、丑の刻参りの女の姿が描かれている。

**河合神社**は賀茂川と高野川の合流点に鎮座する下鴨神社の摂社。祭神は神武天皇の母神・玉依姫。美麗の神、女性守護の信仰があり、鏡絵馬に化粧をして奉納する。

**御髪神社**の祭神は「髪結い職の祖」とされる藤原采女亮政之で、理美容業界をはじめ広く信仰されている。

**安井金比羅宮**は、崇徳天皇を主祭神に大物主命、源頼政を祀る。崇徳天皇が、配流先の讃岐国の金比羅宮にて一切の欲を断ち参籠された由縁から断ち物の祈願所となった。「縁切り・縁結び碑」に願文を書いた形代を貼り祈願する。

12 解答
イ 橋姫神社

<table>
<tr><td>問<br>13</td><td>嵯峨天皇の皇后である檀林皇后ゆかりの石で、子宝に恵まれるといわれる「またげ石」のある神社はどれか。</td></tr>
</table>

ア 梅宮大社　　　　イ 松尾大社
ウ 地主神社　　　　エ 今宮神社

**梅宮大社**は酒解神（さかとけのかみ）を主祭神として祀る。嵯峨天皇皇后・檀林皇后（だんりんこうごう）がこの社に祈願し、仁明天皇（にんみょう）が生まれたことが「またげ石」が子宝に恵まれる由縁となった。

**松尾大社**（まつのおたいしゃ）は皇城鎮護の神として「松尾の猛霊」と称された。古来の松尾山の磐座信仰を、一帯を開拓した秦氏が継承し、社殿を建立。大山咋神（おおやまくいのかみ）と市杵島姫命（いちきしまひめのみこと）を祀る。日本第一酒造之神として全国の醸造家の信仰を集めてきた。松尾山を水源とする霊亀の滝（れいきのたき）は涸れたことがなく、滝の手前にある名水・亀（かめ）の井は酒造など醸造の元水にされてきた。

**地主神社**は縁結びの神様として知られ、大国主命（おおくにぬしのみこと）を主祭神として祀る。境内の「恋占いの石」は、室町時代の『清水寺参詣曼荼羅』にも描かれている。

**今宮神社**は疫病鎮静を祈願する御霊会（えやみしゃ）が行われ、疫社（す）に素戔嗚命（すさのをのみこと）、本殿に大己貴命（おおなむちのみこと）、事代主命（ことしろぬしのみこと）、奇稲田姫命（くしなだひめのみこと）を祀る。江戸幕府五代将軍綱吉の生母・桂昌院（けいしょういん）は、西陣の八百屋の娘・お玉といい、「玉の輿」の語義となった。境内には産土である今宮神社の再興に尽力した桂昌院のレリーフがあり、社では「玉の輿お守」を授与している。

13 解答
ア 梅宮大社

**2** 神社・寺院に関する記述について、最も適当なものをア～エから選びなさい。

**問14** 萩まつりが行われる梨木神社には、ノーベル賞を受賞した人物の萩を詠んだ歌碑がある。その作者は誰か。

ア 福井謙一　　　　　イ 朝永振一郎
ウ 川端康成　　　　　エ 湯川秀樹

　梨木神社の周辺には、明治まで公家屋敷が建ち並び、西側の京都御所との間にある梨木通は御所に参内する公家たちの参内道として使われていた。境内にある湯川秀樹の歌碑＝写真＝に刻まれている歌は「千年の昔の園もかくやありし木の下かげに乱れさく萩」。**湯川秀樹**（1907～81）は昭和24年（1949）に「中間子理論」でノーベル物理学賞を受賞。第二次世界大戦後の日本に明るいニュースをもたらした。

　**福井謙一**（1918～98）は昭和56年に「フロンティア軌道理論」で日本人初のノーベル化学賞を受賞。

　**朝永振一郎**（1906～79）は昭和40年に「くりこみ理論」でノーベル物理学賞を受賞。

　**川端康成**（1899～1972）は昭和43年にノーベル文学賞を受賞。代表作の一つ『古都』は、京都を舞台に、生き別れになった双子の女性を主人公とし、京都のさまざまな文化や年中行事を描いた作品。

14 解答
エ 湯川秀樹

問
15

境内に電気や電波の安全を祈願する電電宮という名の鎮守社や、ドイツの物理学者ヘルツやエジソンを顕彰したレリーフがある寺院はどこか。

ア 法輪寺　　　　　　　　イ 清凉寺

ウ 遍照寺　　　　　　　　エ 鹿王院

　数え13歳の子どもが智恵を授かるためにお参りする行事である「十三まいり」の寺として、古くから親しまれている**法輪寺**。境内にある電電宮＝写真＝は、法輪寺の鎮守社の一つで、元治元年（1864）の禁門の変の際に焼失したが昭和31年（1956）、電気電波関係業界の発展を祈願するため、社殿を「電電宮」として新たに奉祀した。毎年5月23日には、あらゆる電気関係事業の発展と無事故安全を祈願する電電宮大祭が営まれる。

　**清凉寺**は別名「嵯峨釈迦堂」とも呼ばれる。室町時代中期には融通念仏の道場となった。毎年4月には現在も境内の狂言堂で、京都の三大念仏狂言の一つである嵯峨大念仏狂言が上演される。

　**遍照寺**は、広沢山と称する真言宗御室派の準別格本山。

　**鹿王院**は、足利義満が延命を祈願して康暦2年（1380）に創建した宝幢寺の開山塔所。同寺は応仁の乱で焼失したが、鹿王院は再建された。現在の伽藍が再興されたのは、江戸時代前期になってからのことである。

15 解答
ア 法輪寺

問
16

泉涌寺の塔頭で、那須与一にゆかりがあり、毎年10月に二十五菩薩お練り供養法会が行われる寺院はどこか。

⑦ 今熊野観音寺　　　　　④ 雲龍院
⑦ 即成院　　　　　　　　① 来迎院

　泉涌寺塔頭の**即成院**は、正暦３年（992）に源信が伏見に開いた光明院を前身とし、寛治年間（1087～94）に藤原頼通の子、橘俊綱が同地に山荘を開き、同寺を持仏堂として伏見寺と称したのが始まり。現在地には明治35年（1902）に移転、法安寺と号した後、昭和16年（1941）に現在の名に改めた。本堂には本尊の木像阿弥陀如来坐像（重文）と25体の菩薩像を安置、毎年10月の二十五菩薩お練り供養会＝写真＝では25人の信徒が菩薩の姿で練り、参拝者を極楽浄土の世界に誘う。那須与一ゆかりの寺としても知られ、境内にある与一の墓所には、弓道の関係者や合格祈願の受験生らが参拝に訪れる。

　設問にあるほかの３カ寺もいずれも泉涌寺の塔頭や別院で、**今熊野観音寺**は西国三十三所観音霊場第十五番札所、**雲龍院**は北朝第四代・後光厳天皇の勅願寺で西国薬師霊場第四十番札所、**来迎院**は赤穂浪士の大石内蔵助ゆかりの寺として知られ、茶室の含翠軒は内蔵助の作とされる。

**16 解答**
⑦ 即成院

3級

2級

1級

**問 17**
恵心僧都源信の弟子・源算の開山で、境内に樹齢600年とされる遊龍松がある寺院はどこか。

🄰 永観堂　　　　　　🄱 善峯寺

🄲 本隆寺　　　　　　🄳 曼殊院

**善峯寺**は、恵心僧都源信の弟子・源算が長元2年（1029）に自作の千手観音像を本尊として創建した天台宗寺院。西国三十三所観音霊場の第二十番札所であり、古くは慈円僧正や証空上人、青蓮院の法親王が代々住持を務めるなど高い格式を誇ってきた。その境内でひときわ存在感を放つのが「遊龍松」で、国の天然記念物に指定される樹齢600年を超す五葉松。地面からの高さは2メートル余りだが、全長が約37メートルもある主幹が地をはうように伸びており、臥竜が遊ぶ様に見えるところからその名が付けられた。

**永観堂**（禅林寺）にあるのは「三鈷の松」。普通は2本である松の葉が3本に分かれていて、これをお守りにすると福が授かるとされ、この寺七不思議の一つに数えられている。

**本隆寺**には「夜泣き止めの松」があり、子どもの夜泣きに悩む家族が御利益を求めて訪れる。

**曼殊院**の「鶴島の松」は、国の名勝指定を受けた書院前の枯山水庭園内、水の流れを表す砂の中に配した鶴島にある樹齢400年の五葉松である。

17 解答
🄱 善峯寺

2 神社・寺院に関する記述について、最も適当なものをア〜エから選びなさい。

問18 日乾に帰依した吉野太夫が寄進した「吉野の赤門」と呼ばれる山門がある寺院はどこか。

ア 妙顕寺
イ 頂妙寺
ウ 本能寺
エ 常照寺

　吉野太夫が寄進した「吉野の赤門」が残るのは、鷹峯の**常照寺**＝写真＝。元和2年(1616)、本阿弥光悦が徳川家康から拝領した地に、招かれてきた身延山・久遠寺の日乾が開創した。寛政三名妓の一人とうたわれ、光悦や灰屋紹益など文化人と親しく交わった2代目吉野太夫は、光悦を介して日乾に深く帰依し、その信仰の証しとして朱塗りの山門を寄進した。境内には吉野太夫の墓や夫紹益との比翼塚があり、毎年4月第2日曜には太夫の遺徳をしのぶ吉野太夫花供養が営まれる。

　**妙顕寺**は、京都における法華寺院の先駆けとなった日蓮宗の大本山。尾形光琳ゆかりの寺でもあり、書院前庭は光琳曲水の庭と呼ばれ、境内塔頭には光琳・乾山兄弟の墓がある。

　**頂妙寺**は左京区仁王門通川端東入ルの日蓮宗寺院で、本堂前の仁王門は伝運慶・快慶作の持国天、多聞天像を祀り、通りの名の由来になったことで知られる。

　法華宗本門流大本山の**本能寺**は、織田信長が討たれた本能寺の変で焼失後、豊臣秀吉の転地命令で現在地に移転、境内に信長の供養塔がある。

18 解答
エ 常照寺

問 19

檀王法林寺の招き猫は、不思議な神通力があるとして江戸の中頃より民衆に受け入れられていたと伝わる。その猫の色はどれか。

ア 赤　　　　イ 緑
ウ 黒　　　　エ 青

　「福を呼ぶ黒招き猫」＝写真＝で知られる檀王法林寺は、左京区川端通三条上ルにある浄土宗寺院。正式名称を「朝陽山梅檀王院無上法林寺」といい、慶長16年（1611）に琉球王国から帰国した袋中上人がこの地に草庵を建て、開創した。「だんのうほうりんじ」の呼び名は、袋中の後を継いだ二世住持の團王上人を信徒が親しみを込めて「だんのうさん」と呼んだことに由来し、以後、「檀王法林寺」の名が定着した。

　浄土寺院で阿弥陀如来を本尊とするが、主夜神尊という神も祀られ、夜を守る神すなわち盗難や火災から守ってくれる神として、江戸時代中期頃から多くの信仰を集めた。国学者・本居宣長の日記にもその様子が詳しく記されている。黒い招き猫は、夜を守る神と闇夜に目を光らせる黒猫が結び付いたのか、その当時から主夜神尊の銘を刻んだ招福猫が人気を集めたそうだ。現在も同寺には、授与品として大小とりどりの黒招き猫が用意されている。

19 解答
ウ 黒

2 神社・寺院に関する記述について、最も適当なものをア～エから選びなさい。

問20

鎌倉時代の建築で、六波羅探題の遺構とされる六波羅門がある寺院はどこか。

ア 建仁寺 　　 イ 南禅寺
ウ 妙心寺 　　 エ 東福寺

　鎌倉時代の建築で六波羅探題の遺構と伝わる六波羅門があるのは、臨済宗の名刹で京都五山第四位の**東福寺**＝写真＝。延応元年（1239）、九條道家が菩提寺創建を願い仏殿を建立したのが始まりで、寺名は東大寺の規模と興福寺の教行を範とすべく名付けられた。

　14世紀前半に全伽藍を焼失する災禍にあったが、15世紀前半には再建を終え、国宝の三門をはじめ中世にさかのぼる建築がいくつも残り、往時の威容を今に伝えている。また、境内には数多くの塔頭が立ち並び、建物の壮大な規模と数の多さから、「東福寺の伽藍面」とも呼ばれたという。

20 解答
エ 東福寺

**問21**

平安時代に建てられた、京都府内で現存最古の木造建築物である五重塔（国宝）がある寺院はどこか。

**ア** 東寺 　　　　　**イ** 海住山寺

**ウ** 浄瑠璃寺 　　　**エ** 醍醐寺

　京都府内で現存する最古の木造建築である**醍醐寺**五重塔は、『醍醐寺新要録』では、平安時代の天暦5年（951）、村上天皇の御代に完成したとされ、国宝に指定されている。

　醍醐寺は伏見区醍醐伽藍町にある真言宗醍醐派総本山の寺院で、「古都京都の文化財」として世界遺産に登録されている。醍醐山（笠取山）に200万坪以上の広大な境内をもつ寺院で、豊臣秀吉による「醍醐の花見」が行われた地としても知られている。

　五重塔は3間5重で本瓦葺き、高さ約38.2メートルの堂々たる五重の塔である。初層の内部に胎蔵界・金剛界の両界曼荼羅が描かれ、周囲の腰羽目板には真言八祖像など国宝の着色壁画18面が描かれている。とりわけ心柱の西面の大日如来像は細部まで精彩に描かれている。これらは塔内部に両界曼荼羅を描くことによって真言密教の世界観を象徴したものである。醍醐寺最古の密教絵画というだけでなく、日本絵画史上貴重な作品とされる。

21 解答
**エ** 醍醐寺

**3** 建築・庭園・美術に関する記述について、最も適当なものを ア〜エ から選びなさい。

**問 22** 上賀茂神社や下鴨神社の本殿（いずれも国宝）の建築様式はどれか。

- ア 流造
- イ 八幡造
- ウ 権現造
- エ 祇園造

上賀茂神社＝写真＝、下鴨神社の本殿は**流造**という神社本殿形式である。流造とは全国的に最も多く流布する形式で、切妻造で平入り、屋根には緩やかな反りをつけ、正面の屋根は流れるように延びて向拝となる。この向拝の下に階段と浜床を設ける。正面は一間または三間が多く、上賀茂神社、下鴨神社本殿は共に三間。

**八幡造**は、石清水八幡宮の本殿建築様式である。切妻造・平入りの外殿と内殿とを連結し、両者の間に生じた屋根の谷に陸樋を入れたもの。外殿と内殿の間の空間は相の間と呼ばれ、このほか、宇佐神宮本殿が代表的。

**権現造**は、北野天満宮の本殿建築様式で、拝殿と本殿を石敷の相の間（北野天満宮では石の間と称する）で連結した形式のもので屋根は連続する。桃山時代の霊廟に広く使われ、日光東照宮本殿に用いられたことで権現造の名を得た。また北野天満宮では本殿の総檜皮葺の屋根の特徴より八棟造とも呼ぶ。

**祇園造**は東山区にある八坂神社の本殿建築様式である。八坂造とも称され、母屋の四方に庇を巡らし、さらに両側面と

北面に孫庇をつけ、正面には三間の向拝と入母屋の屋根をつけたものである。

**22 解答**
ア 流造

問
23

京都府技師であった松室重光が設計した建築物はどれか。

ア 京都府立図書館　　　　　イ 京都府庁旧本館
ウ 京都市京セラ美術館　　　エ 京都府京都文化博物館別館

松室重光（まつむろしげみつ）（1873～1937）が設計したのは**京都府庁旧本館**である。京都府庁旧本館は、明治37年（1904）に造られた煉瓦造2階建、天然ストレート葺の屋根を載せ、ルネサンス様式に属するとされる。中庭を取り囲むロの字型の平面で、上階前面に正庁（儀典室）、背面に議事堂という形式が以降一般化する。松室重光は近代の京都の建築界においてその代表といえる存在であり、京都府庁旧本館は当時、官庁建築の規範であった。

**京都市京セラ美術館**は、令和2年（2020）にリニューアルオープンした京都市美術館本館の通称。京都市美術館本館は、昭和8年（1933）の建築で、昭和の大礼（昭和3年）の記念事業として計画され、前田健二郎（まえだけんじろう）の計画案がコンペで採用された。

**京都府京都文化博物館別館**は、旧日本銀行京都支店の建物を修理・復元したものである。日本銀行京都支店は明治39年（1906）、辰野金吾（たつのきんご）と長野宇平治（ながのうへいじ）によるもので、赤煉瓦、花崗岩（かこう）（がん）、微細な彫刻による、いわゆる「辰野式」の意匠である。

**23 解答**
イ 京都府庁旧本館

**3** 建築・庭園・美術に関する記述について、最も適当なものをア〜エから選びなさい。

**問 24**

日本最古の庭園書である『作庭記』を編纂したとされる、藤原頼通の息子は誰か。

ア 雪舟　　　　　イ 夢窓疎石

ウ 橘俊綱　　　　エ 善阿弥

　『作庭記』は、平安時代中期頃に書かれた現存最古の作庭書。寝殿造庭園の作庭を念頭に置いたもので、その形態と意匠に関して詳細を極め、全体の地割から、池・中島・滝・遣水・泉・前栽など作庭現場での具体的な施工法に至るまで作庭の全プロセスを詳述している。『作庭記』の構成は一貫した方針によるものではないが、冒頭の「石を立てん事、まづ大旨を心ふべき也」では、「生得の山水」を規範にすべきこと、「昔の上手の立て置きたるありさま」を参照すべきこと、「国々の名所を思ひめぐら」すことという庭園デザインに取り入れるべきこと３点を挙げている。

　編纂者とされる**橘俊綱**（1028〜94）は、平安時代の公卿で、平等院・高陽院を造営した藤原頼通の庶子。造園の才能に恵まれ、自邸の伏見殿のほか多くの寝殿造庭園の作庭に関与した。若年の頃から見聞した高陽院庭園など寝殿造庭園の工事に関する豊かな経験や鋭い自然観察をもとに、『作庭記』を編纂したという説が有力である。

3級

2級

1級

24 解答
ウ 橘俊綱

**問 25**

向月台と呼ばれる円錐台形の盛り砂や、白砂を段形に盛り上げた銀沙灘がある庭園をもつ寺院はどこか。

ア 金閣寺 　　　　イ 銀閣寺

ウ 大覚寺 　　　　エ 龍安寺

　慈照寺（通称**銀閣寺**）庭園には「向月台」と呼ばれる円錐台形の盛り砂や、白砂を段形に盛り上げた「銀沙灘」がある。

　慈照寺は室町幕府八代将軍足利義政の山荘だった東山殿を義政の遺命により寺院としたもの。義政は文明14年（1482）に東山山麓の浄土寺の墓地を召し上げて、東山殿の造営を開始した。庭園のモデルは応仁・文明の乱による焼失以前の西芳寺庭園であった。作庭にあたっては、義政が社寺などの名石や名木を提出させたという。

　現在の慈照寺庭園は、江戸時代初期に宮城豊盛らによって改修された姿を原形としており、さらにその後も改修が行われた。「向月台」や「銀沙灘」も造営当初から存在したのではなく江戸時代中期に新たに造られたとされる。享保20年（1735）に刊行された『築山庭造伝（前編）』における慈照寺の庭には「向月台」「銀沙灘」は描かれていないが、寛政11年（1799）の『都林泉名勝図会』には描かれていることから、この間に造られたとみられる。

**25 解答**
**イ 銀閣寺**

**3** 建築・庭園・美術に関する記述について、最も適当なものを ア～エ から選びなさい。

　解答は**月の庭**＝写真＝。成就院は清水寺の旧本坊であり、江戸時代には本願職を担った。その庭は月見で有名であったという。洛中雪月花三名園とはすなわち妙満寺成就院の雪景色を背景とした「**雪の庭**」、北野天満宮の成就院の梅花鑑賞の「**花の庭**」のことである。

　月の庭は、現在書院からの鑑賞を目的とした池庭で、中島に据えられた烏帽子岩と籬島石（まがきじま）が目を引く。池の背後は音羽山につながる高台寺山を借景とし、生垣によって背景を断ち切って、北側の谷を隔てた庭外の山腹に石灯籠を立てることによって、その山腹一帯を庭の一部に見立てる趣向も注目すべき点である。書院縁先の手水鉢（ちょうずばち）は豊臣秀吉の寄進と伝わる「誰袖手水鉢」（たがそで）が置かれ、池東岸の「手毬燈籠」（てまり）、中央中島の「蜻蛉燈籠」など景物も見どころである。

　**巴の庭**は、本法寺の書院前の枯山水庭園で、3つの築山（つきやま）が巴の形のように見えることからか「三巴の庭」と呼ばれ、本阿弥光悦（あみこうえつ）（1558～1637）作庭とされる。

26 解答
イ 月の庭

問
27

与謝蕪村に俳句や絵画を学び、四条派と呼ばれる流派の祖となった絵師は誰か。

ア 岸駒　　　　　　　　イ 原在中

ウ 呉春　　　　　　　　エ 円山応挙

　　江戸時代中期から後期の絵師、**呉春**（ごしゅん）（1752～1811）が正解。京の金座の役人の子に生まれ、俗姓は松村氏、通称を文蔵という。雅号は月渓などがある。20歳の頃、与謝蕪村（よさぶそん）に入門、絵画や俳句を学んだ。29歳のとき、父と妻を続けて失う不幸に見舞われ、失意から立ち直るため蕪村は摂津池田に移住を勧めた。翌年の正月、池田の古名である呉服（くれは）の里で新春を迎えたことにちなんで呉春に改名。蕪村没後、京都に戻った呉春は四条付近に住み、円山応挙の写生画風を学び、円山派の平明で写実的な作風に俳諧的な洒脱（しゃだつ）味を加えた新様式を作り出した。呉春はじめ、呉春の作風に共鳴する絵師の多くが四条界隈に住んでいたため四条派と呼ばれる流派となった。

　　**岸駒**（がんく）（1756～1839）は江戸時代後期の絵師。金沢出身。京都に出て花鳥画や動物画に優れ岸派の祖となった。

　　**原在中**（ざいちゅう）（1752～1837）は江戸時代後期の京都の絵師。諸流派を研究して精緻な装飾的作風の原派の祖に。

　　**円山応挙**（1733～95）は江戸時代中期の京都で活躍。写生を重視した清新な作風を確立。円山派の祖として多数の門弟を擁し、京都の主流的な勢力を誇った。

27 解答
ウ 呉春

**問 28**

東寺に伝来する仏像のうち、かつては平安京の羅城門楼上に安置されていたと伝えられる仏像はどれか。

ア 梵天像　　　　　イ 帝釈天像
ウ 不動明王像　　　エ 兜跋毘沙門天像

　解答は**兜跋毘沙門天像**。中国・唐の時代（8世紀）造られ、日本に請来されたとされる。木造、彩色、像高は189.4センチ。宝冠正面に鳥形を表わし、毘沙門亀甲の鎧、腕に海老籠手と呼ばれる防具を着け、外套状の長い甲をまとう。きわめて異国風の顔貌と服飾が特色で、大地から上半身を出した地天女と呼ばれる女神の両手の掌上に立ち、その脇に尼藍婆、毘藍婆と呼ばれる2体の鬼形がはべる。このような姿形の毘沙門天を「兜跋」と呼ぶのが通例。諸説あるが、兜跋毘沙門天像の源流は西域の兜跋国に求められるという。

　**梵天像**は東寺の講堂須弥壇の東端に安置。四面四臂、三眼で四羽の鵞鳥に乗る騎獣像。

　**帝釈天像**は講堂須弥壇の西端。梵天像同様に三眼で象に乗る騎獣像で密教像の特色示す。

　**不動明王像**は講堂内須弥壇の五大明王像の中心に安置されている。全て国宝。

3級

2級

1級

28 解答
エ 兜跋毘沙門天像

問
29

大覚寺の五大明王像を制作した円派の仏師は誰か。

ア 院覚　　　　　　　　イ 康尚

ウ 明円　　　　　　　　エ 円勢

　大覚寺五大明王の一つ、金剛夜叉明王の台座の一部と軍荼利明王の台座にある墨書によって、三条仏所の**明円**（生没年不詳）が安元２年（1176）から同３年にかけて造像したことが明らかになった。明円は平安時代後期の円派の仏師。三条仏所の円派の祖長勢から五代目にあたる巨匠。現存する作品として知られる大覚寺の五大明王像は、穏和で精緻な藤原時代和様彫刻の正統的な作風を示し、円熟の境地を伝えている。
　**院覚**（生没年不詳）は平安時代後期の円派の仏師。京都の法金剛院本堂の阿弥陀如来坐像を制作したことで知られる。
　**康尚**は平安時代中期の仏師。定朝の師にあたる。東福寺の塔頭・同聚院に現存する不動明王坐像は、もとは藤原道長が建立した五大堂の五大明王像の中尊であり、康尚の作とされる。
　**円勢**（？～1134）は平安時代後期に京都で活躍した仏師。長勢の子、あるいは弟子ともいわれ、これ以後、円の字をつける仏師の系統を円派と呼んだ。

29 解答
ウ 明円

**問 30** 江戸時代の染色方法の一つで、流水など爽やかな文様が施される「茶屋染」の主調色は何色か。

ア 藍　　　　イ 朱

ウ べんがら　　エ 墨

茶屋染は江戸時代に帷子(かたびら)を染めた模様染技法の一種。上布（上等の麻布）の両面を糊防染したあとに、主に藍で浸染して濃淡で海辺や水辺の風景、楼閣山水、花鳥風月などの模様を染め表わす技法。寛永年間（1624〜44）頃に茶屋宗理が考案したと伝えられる。江戸時代には主として大名家や公家方の女性が用いる夏の帷に模様染された。茶屋染の主調色は**藍**である。

**朱**は古くから使われてきた赤色顔料。天然では辰砂として得るが、人工的には水銀と硫黄を混ぜ、加熱・昇華させて得る。神社の建築や鳥居などは朱塗りが多い。

**べんがら**（弁柄／紅殻）は、朱と共に古くから用いられた赤色顔料。インドのベンガルに由来する。

**墨**は油煙や松の根を燃やして出る煤を膠で固めたもの。これを水と共に硯(すずり)ですってできる黒色の液。書画を書くのには欠かせない。

3級

2級

1級

**30 解答**
**ア 藍**

問
31

江戸時代の京の工芸文化などを詳しく紹介している山城国の地誌『雍州府志』を著した人物は誰か。

ア 浅井了意

イ 秋里籬島

ウ 頼山陽

エ 黒川道祐

　『雍州府志』は全10巻。雍州とは中国・長安を指し、日本では山城国をいう。広島藩医官だった**黒川道祐**（？～1691）が貞享3年（1686）に著した。地理、風俗、古蹟、社寺、土産、陵墓などを10項目に分けて詳述している。その歴史的価値は高いと評価されており、後の京都叢書にも収録された。道祐は医学のほか、林羅山から儒学も学び、官を辞した後は、京都に上り旅行と著述に励んだ。著書に『本朝医考』などがある。

　**浅井了意**（1612～91）は江戸時代前期の仮名草子作家。京都の僧侶でもあった。著作に『東海道名所記』『浮世物語』などがある。**秋里籬島**（生没年不明）は、江戸時代中期の読本作家。京都出身で安永9年（1780）に刊行した『都名所図会』が大評判を取り、名所図会の先駆者とされる。**頼山陽**（1781～1832）は江戸時代後期の儒学者。詩文家、歴史家としても著名。京都に出て私塾を開いた。『日本外史』は代表的著作。上京・三本木に開いた水西荘の書斎「山紫水明處」は、国の史跡に指定されている。

31 解答
エ 黒川道祐

問
32

次のうち、京指物の技術が活用されるものはどれか。

ア すだれ        イ たんす

ウ 和綴じ本       エ 扇子

京指物は平安時代から続く伝統の木工芸で、金釘を使わず木板や棒をホゾなどではめ込んで固定し、**たんす**などの調度品、箱物、茶道具などを組み立てていく技法、またはその作品のことをいう。この技で作られたたんすなどの調度品は、多くが瀟洒な雰囲気があるため強度を心配する向きもあるが、選りすぐりの材料と職人の精緻な技によって堅牢に仕上がる。木目の自然の味わいを生かす総桐の京たんすは、親子三代が日々使っても狂いが生じることはないとされる。

京指物の歴史を振り返ると、平安時代は主に宮廷や社寺の支援を受けて調度品や道具を制作。鎌倉、室町時代になると武家文化の一翼を担うこととなり、さらに茶道文化の普及によってより洗練された工芸品となった。江戸時代には町民文化の向上によって庶民の間にも広く普及することになる。江戸では、「京指物」に対して「江戸指物」として発展を遂げ、武家や商人、江戸歌舞伎の役者に多く用いられたが、木目を生かす簡素で堅牢なつくりは、京指物の基本技法を受け継ぎつつ、武家好みの作風となっている。

3級

2級

1級

32 解答
イ たんす

問
33

元久2年（1205）、後鳥羽上皇が中心となって編纂した和歌集は何か。

ア 古今和歌集
イ 後拾遺和歌集
ウ 新古今和歌集
エ 新勅撰和歌集

　後鳥羽上皇（1180〜1239）は自らも歌の才能に恵まれ、宮廷和歌の興隆と鎌倉幕府に対抗する朝廷権力の回復に力を注いだ異色の天子だった。**新古今和歌集**は、歌に優れた上皇のかねてからの念願だった。建仁元年（1201）には和歌所を設置して藤原定家、藤原家隆、飛鳥井雅経ら撰者6人を指名、新たな勅撰和歌集（新古今集）編纂の院宣を下した。成立は元久2年（1205）とされるが、収録した歌の改訂作業はその後も続いた。上皇は承久の乱（承久3年〈1221〉）を起こし、配流先の隠岐でも歌の追加、削除を進める情熱をみせた。

　完成した新古今集は、当代の新風を取り込んだ歌を中心に選び、「本歌取り」の技法を多用。幻想的で絵画風、物語風の華麗な様式を完成させ、古典和歌集として一つの頂点を極めている。代表歌人は西行、慈円、藤原俊成、式子内親王ら。後世の連歌や能、茶道などに与えた影響は大きく、近世には本居宣長らによる注釈書、研究書が盛んに出て、その影響は近現代の文学にも及んでいる。八代集の最後で収録は約1980首。

33 解答
ウ 新古今和歌集

問
34

京都で煎茶の普及に努めた売茶翁（高遊外）が、東山に設けた茶亭は何か。

ア 傘亭　　　　　　　　イ 松琴亭

ウ 臨池亭　　　　　　　エ 通仙亭

売茶翁高遊外（1675〜1763）は肥前国蓮池の人で姓は柴山。黄檗僧の化霖に学び剃髪して、名は元昭といい月海と号した。売茶翁の通称は晩年、道服をまとい京都市内のあちらこちらに茶具を担って現れるその姿から定着したものらしい。**通仙亭**は各々の出舗とした亭とみなされる。亭名の通仙は唐の文人盧仝の茶歌の一句「六椀、仙霊に通ず」を踏まえたもので、中国の文人にとって「通仙」は喫茶によって達することのできる、仙人の世界に通じる禅的な悟りの境地とされていた。売茶翁は茶を売ることでこうした心情を広く伝えようとしたらしく、そのため「煎茶」の代価にこだわることはなかったともいわれている。寛保2年（1742）には、何らかの構造物が営まれていたと思われるその所在地について、『売茶翁偈語』の詩句から今熊野川が東福寺境内を流れて鴨川に注ぐ途中の「二ノ橋」あたり、東大路の九条辺りと見定める説がある。

3級

2級

1級

34 解答
エ 通仙亭

問
35

後水尾天皇に召されて禁裏の花会を指導し、立華を大成したのは誰か。

ア 初代池坊専好　　　　イ 二代池坊専好
ウ 池坊専応　　　　　　エ 池坊専慶

　　**二代池坊専好**（せんこう）（1575〜1658）は、寛永元年（1624）から禁裏の花会に参加した。後水尾天皇は専好を重用し、自らも立華＝写真＝をたしなんだという。寛永6年には、禁裏の中心的建物である紫宸殿（ししんでん）でも花会が開かれるようになり、宮中の立華ブームはピークを迎えた。専好の作品図は、華道家元池坊総務所（中京区）や曼殊院（左京区）、陽明文庫（右京区）などに多く伝わる。

　　**池坊専慶**（せんけい）（生没年不詳）は、禅僧太極（たいぎょく）の日記『碧山日録』（へきざんにちろく）によれば、寛正3年（1462）、武士の鞍智高春に招かれて花を挿し、評判になった。これが、池坊と花の関係の初見史料とされる。

　　**池坊専応**（せんのう）（1483〜1543）は、花伝書『池坊専応口伝』（くでん）を著したことで知られる。その序文には、自然の姿を室内の器の上に表現することの妙味が述べられている。

　　**初代池坊専好**（？〜1621）は、豊臣秀吉の御成を迎える武

家屋敷に、豪華な作品を飾ったといわれる。慶長4年（1599）、大雲院の完成を祝う花会には、弟子100人が参加した。

35 解答
イ 二代池坊専好

芸術・文化に関する記述について、最も適当なものをア〜エから選びなさい。

**問 36** 能楽の金剛流は、大和猿楽四座のうちどこを源流とするか。

ア 円満井座
イ 坂戸座
ウ 外山座
エ 結崎座

　能楽については、現在ある4流派が、南都興福寺に奉仕していた大和猿楽四座のうちのどこから始まるのか。これを問う問題が過去にもよく出題されているので、最低限覚えておきたい。下に、その関係をまとめてみる。特に金剛流は、唯一京都を本拠とする能シテ方の家元なので、出題頻度は高い。

　金剛（こんごう）流———**坂戸**（さかと）**座**
　観世（かんぜ）流————**結崎**（ゆうざき）**座**
　宝生（ほうしょう）流——**外山**（とび）**座**
　金春（こんぱる）流———**円満井**（えんまい）**座**

　大和猿楽四座や能楽4流派は、漢字の読み方も独特なのでしっかり確認しておきたい。
　ほかには、結崎座の観阿弥・世阿弥父子と室町幕府三代将軍・足利義満との関係、観阿弥・世阿弥の京都デビューが新熊野の演能であったことなども押さえておくといいだろう。

36 解答
イ 坂戸座

問
37

江戸後期の京都の狂言界では茂山家が台頭した。茂山家を召し抱えた大名はどれか。

ア 彦根藩井伊家　　　イ 加賀藩前田家
ウ 長州藩毛利家　　　エ 尾張藩徳川家

　現在の京都の能楽の家元が金剛家なら、狂言師で京都を拠点にするのは大蔵流の茂山家だけである。

　しかし狂言も、もとは京都が中心だった。狂言の三大流派は大蔵・鷺・和泉流で、京都では和泉流が活躍した。山脇和泉元宜は慶長年間に尾張藩徳川家に召し抱えられ、禁裏への参勤を主に京流と呼ばれたものである。宗家の山脇和泉は後の代で名古屋に移ったが、和泉流はその後も京都で活動を続けた。

　茂山家が台頭したのは江戸時代後期からで、九世茂山正乕を召し抱えた大名は彦根藩井伊家であった。九世正乕はこうして名を挙げ、茂山千五郎家を確立した。

　加賀藩前田家が召し抱えたのは、和泉流の初世野村万蔵。金沢では今も狂言は和泉流、能は加賀宝生といわれている。

　長州藩毛利家お抱えとなったのは三大流派のうちの鷺流。鷺流は明治維新後、宗家が絶え、現在は山口県指定無形文化財に指定され、山口鷺流狂言保存会が伝承している。

4 芸術・文化に関する記述について、最も適当なものをア～エから選びなさい。

**問38**

上方歌舞伎の名優・坂田藤十郎と多く組んだ劇作家で、『傾城仏の原』の作者である人物は誰か。

ア 近松門左衛門 　　　イ 竹田出雲

ウ 並木五瓶 　　　　　エ 並木正三

　近松門左衛門（1653～1724）は、約20余の歌舞伎作品を書いたが、その大半は初世坂田藤十郎のための作品だったといえる。それ以前の歌舞伎では俳優が作者を兼ねていたが、作品執筆の専業化を進めたのが近松であった。歌舞伎の代表作が『傾城仏の原』なら、後に人形浄瑠璃に移って100作近く書いた、その傑作の一つが『曽根崎心中』だ。近松は福井の武士の家に生まれ、後に京に上って公家に仕えたとされている。

　竹田出雲（不明～1747）は、大坂・竹本座の座本（座元とも）で、近松の指導により作品を書き始めた。『菅原伝授手習鑑』は出雲が中心になって書いたといわれている。

　並木五瓶（1747～1808）は、江戸時代後期の歌舞伎狂言作者で大坂出身、並木正三の弟子。大坂および江戸で活躍した。

　並木正三（ショウザとも）（1730～73）は、江戸時代中期の歌舞伎界を代表する作者で、廻り舞台の考案者。大坂の人。

3級

2級

1級

**38 解答**
ア 近松門左衛門

問
39

「北野をどり」が行われる上七軒歌舞会の舞踊の流派はどれか。

ア 若柳流　　　　　　　イ 尾上流
ウ 花柳流　　　　　　　エ 藤間流

　芸妓、舞妓の言葉どおり、花街の女性にとって芸事は必須であり、誇りでもある。舞妓になると決めた「仕込み」の期間から、舞踊をはじめ、三味線、茶道などの稽古が始まる。

　身につけた芸事は、お茶屋のお座敷で披露されるのが常であるが、毎年催される舞踊公演でも上演される。上七軒では、春には「北野をどり」、秋には「寿会」を開催。北野をどりの一番の見どころは、定番となっているフィナーレの「上七軒夜曲」。黒裾引摺姿の芸妓と色鮮やかな衣裳の舞妓が総出演する舞台は、夢のように見事である。なお各花街の舞踊の流儀は異なっており、上七軒は**花柳流**である。

　祇園甲部では春に「都をどり」、秋に「温習会」を開く。舞踊の流儀は京舞井上流。宮川町では春に「京おどり」を、秋には「みずゑ會」を開く。舞踊の流儀は**若柳流**。先斗町では春に「鴨川をどり」を、秋には「水明会」を開催。舞踊の流儀は**尾上流**である。祇園東では秋に「祇園をどり」を催す。舞踊の流儀は**藤間流**。

**39 解答**
**ウ** 花柳流

4 芸術・文化に関する記述について、最も適当なものをア～エから選びなさい。

問
40
花街において、舞妓の花簪（はなかんざし）は季節を彩るシンボルでもある。9月に舞妓が髪に挿す花簪は何か。

ア 柳

イ 団扇

ウ 桔梗

エ 菊

　舞妓の髪を飾る簪（かんざし）＝写真＝には玉簪、びら簪、花簪がある。そのうちの花簪は月ごとの花を題材にしたもので、舞妓の装飾品であるだけでなく、花街（かがい）に季節の彩りを添える役割も担う。

　花以外をモチーフにした花簪もある。例えば、松の内（正月15日ぐらい）までは「稲穂」の簪。稲穂には鳩が止まっていて、白い目のところへ、好意を寄せている人に目を入れてもらうと、その恋が成就するとか。また12月の「まねき」は、南座の顔見世のまねき看板にちなむ。簪のまねきは白地のままであり、顔見世総見の折に楽屋を訪ねて、贔屓（ひいき）の歌舞伎役者にサインを入れてもらう。

　それ以外の花簪はおおむね、1月は「松竹梅」、2月になれば「梅」、3月は銀の蝶が戯れる「菜の花」、4月は「桜」、5月は「菖蒲」や「藤」、6月は「柳」や「紫陽花（あじさい）」、7月は「団扇（うちわ）」、8月には銀色の斬新なデザインの「すすき」に「花火」や「朝顔」、9月「桔梗（ききょう）」、10月「菊」、11月「紅葉」など。

40 解答
ウ 桔梗

3級

2級

1級

2月の初午の日に、縁起物の「しるしの杉」が授与される初午大祭が行われる神社はどこか。

ア 大原野神社　　　　　　　イ 伏見稲荷大社
ウ 上御霊神社　　　　　　　エ 藤森神社

　2月の初午の日に初午大祭（はつうまたいさい）が行われるのは、**伏見稲荷大社**（ふしみいなりたいしゃ）である。この日は稲荷大神が稲荷山に鎮座した日にあたり、1年で最も重要な大祭の一つとなる。伏見稲荷大社の縁起物として知られる「しるしの杉」も、この日に授与される。京都では、初午の日に畑菜の辛子和えを食べる風習がある。これは伏見稲荷大社を建立した秦氏（はたし）にかけて畑菜を、稲荷大神に仕えるキツネの好物である辛子を効かせて食べるという縁起かつぎで、京のまちの人々に初午がいかに浸透しているかがよく分かる。

　**大原野神社**は洛西にある。長岡京遷都（延暦3年〈784〉）の際、藤原氏の氏神である奈良春日大社をこの地に分社した。

　**上御霊神社**（かみごりょう）は洛中にある。平安遷都（延暦13年）以来、御霊信仰の中枢をなし、また皇室の産土神（うぶすながみ）ともされてきた。

　**藤森神社**（ふじのもり）は洛南の深草（ふかくさ）にある。平安遷都以前からの古社と伝えられ、とりわけ勝運と馬の神社として知られる。

41 解答
イ 伏見稲荷大社

問
42
葵祭は明治17年（1884）に再興され、5月15日に行われるようになった。それに尽力した人物は誰か。

ア 山県有朋　　　　イ 木戸孝允

ウ 山本覚馬　　　　エ 岩倉具視

　京の公卿で、明治維新の中心人物の一人である**岩倉具視**（いわくらともみ）（1825〜83）である。没年となる明治16年（1883）に「京都保存ニ関スル建議」を出している。天皇の即位など三大礼を京都で執行することなど13項目を提案し、この中で石清水祭と共に賀茂祭の「旧儀再興」を訴えている。賀茂祭とは葵祭の正式名である。賀茂社（上賀茂、下鴨両神社）の例祭で、古くは平安時代の『源氏物語』で見物をめぐる車争いの様子が描かれている。応仁・文明の乱などで中断、江戸時代に再興されたが、支えていた幕府が倒れ、明治4年から中断していた。岩倉の建議により賀茂祭の再興は実現したが、古くは旧暦4月中酉日に挙行されていたのを新暦5月15日に行われることになった。その後、第二次世界大戦で10年間、中断や路頭の儀が中止となったが、昭和28年（1953）から旧儀に基づき復興された。

3級

2級

1級

42 解答
エ 岩倉具視

問
43

祇園祭の中でくじ取らずの山鉾で、鉾頭の形から洲浜鉾とも呼ばれている鉾はどれか。

ア 月鉾　　　　　　　　イ 函谷鉾

ウ 鶏鉾　　　　　　　　エ 放下鉾

祇園祭に巡行する山鉾の中で、くじ取らずの山鉾は、前祭で長刀鉾、**函谷鉾**、放下鉾、岩戸山、船鉾。後祭で橋弁慶山、北観音山、南観音山、大船鉾と、現在は合計 9 基である。設問に並ぶ 4 つの鉾の中では、前祭の函谷鉾と**放下鉾**がくじ取らずに該当する。

その中で、すはま鉾と呼ばれるのは放下鉾。鉾頭は日、月、星の三光を丸 3 個で表しており、これが洲浜形を思わせるとして、この別名がある。

函谷鉾は、鉾頭が三日月と山形の組み合わせで、孟嘗君がたどり着いた函谷関の山中の闇を表している。

**月鉾**と**鶏鉾**はいずれも前祭で、毎年くじ取りを行う。月鉾の鉾頭は三日月である。

鶏鉾は、天下がよく治まると訴訟用の太鼓（諫鼓）も用がなく、苔が生えて鶏が宿ったという中国の故事による。鉾頭は三角形の中に金色の円。これは鶏の卵が諫鼓の中にあること表しているという説がある。

43 解答
エ 放下鉾

5 祭りと行事に関する記述について、最も適当なものをア～エから選びなさい。

問44 六道珍皇寺で行われる六道まいりで、「オショライサン」の依代であるとされるものはどれか。

ア 樒（しきみ）　　　　イ 榊（さかき）

ウ 高野槙　　　　　　エ 松葉

　古来（こうはく）、高木には神仏が宿るとされており、高木となる高野（こうや）槙も霊木とされ、祖霊もその梢への憑依依代（ひょういよりしろ）にすると考えられた。閻魔大王に仕えた冥官伝説をもつ平安時代初期の文人閣僚・小野篁（おののたかむら）も、六道珍皇寺（ろくどうちんのうじ）の井戸から高野槙の枝をつたい冥界へ行った伝承がある。また、江戸時代前期の延宝４年（1676）の『日次紀事（ひなみきじ）』の六道まいり＝写真＝の文章にも「精霊（聖霊）槙の枝に乗じて来る」とある。これに因み同寺では六道まいりの期間中、高野槙を売る店が軒を並べる。参詣者はこれを買い求め、祖先（故人）の戒名を水塔婆（みずとうば）にしたためてもらったあと、迎え鐘を撞く。水塔婆への水回向（みずえこう）の後、地蔵堂に納め、「お精霊さん（しょうらい）」が憑依した高野槙は家に持ち帰り、お盆飾りを行うのが京都のお盆の風習である。

　火伏せの神を祀る愛宕山には、樒（しきみ）が自生している樒原（しきみがはら）という地名がある。火伏せの神花として樒が供えられた。千日詣りでは火伏せの御札と樒の枝を授かり、御札を竈（かまど）の上や台所に貼り、樒を竈に挿して祀る。榊（さかき）は古から邪気を祓うといい神事に使われた。祇園祭の神幸祭（しんこうさい）では、台車に大きな榊を乗せた豊園泉正寺榊（ほうえんせんしょうじさかき）が神輿（みこし）を先導し道を清める。上賀茂神社

にある立砂の天辺には、神様の依代として松葉が立てられている。左側が陰陽思想の陽数の３本、右側が陰数の２本の松葉である。

**44 解答　ウ 高野槙**

3級
2級
1級

五山の送り火で、松ヶ崎東山に灯される送り火は何か。

**ア** 大文字  **イ** 船形
**ウ** 法  **エ** 妙

8月16日の夜8時、最初に点火される五山の送り火は、東山如意ヶ岳の支峰、**大文字山**に描かれた「大」の字である。それから5分刻みで、妙法（8時5分）、船形（8時10分）、左大文字（8時15分）、鳥居形（8時20分）と、京都盆地を取り巻く山々の東から西へ、次々に点火されていく。この瞬間が、五山の送り火の醍醐味といえる。

このうち松ヶ崎にある送り火は妙法で、「**妙**」と「**法**」＝写真＝は東西に並ぶ2つの山に分かれて描かれている。一般的に、最初に存在したのが松ヶ崎西山（万灯籠山）の「妙」の字で、後から描かれたと伝わるのが松ヶ崎東山（大黒天山）の「法」とされるが、これらは詳らかではない。しかし「妙」と「法」の送り火行事は、この地域で一体となって保存継承されている。

**船形**がある山は、西賀茂船山。左大文字は、金閣寺裏手の大北山の大文字山。そして鳥居形のある山は、嵯峨鳥居本の曼荼羅山である。

45 解答
ウ 法

**5** 祭りと行事に関する記述について、最も適当なものをア〜エから選びなさい。

問
46
五山の送り火や万灯流しと並んで、京都の夏の風物詩として知られる千灯供養が行われるのはどこか。

ア 千本閻魔堂　　　イ 六波羅蜜寺

ウ 壬生寺　　　　　エ 化野念仏寺

五山の送り火は、お盆の８月16日夜。同じ頃に、嵐山大堰川の中之島公園で行われるのが嵐山灯篭流し（万灯流し）。故人や先祖を供養する灯篭の灯が大堰川にゆらゆらと揺れる中、地元の鳥居形送り火を間近に拝むことができる。

同じく嵯峨嵐山の行事である**千灯供養**＝写真＝は、８月最終土曜と日曜の２日間、**化野念仏寺**で行われる。化野は古来、葬送の地であったことから、無数の無縁仏が境内に集められてきた。それらに灯明を灯し、お盆の供養を行う。独特の節回しの回向が流れる中、幽玄な世界に誘われる。

**千本閻魔堂**（引接寺）は、東の**六道珍皇寺**に対して、西のお精霊さん迎え・送りを引き受ける。迎え鐘・送り鐘を撞きに行くのも、この寺である。

**六波羅蜜寺**の萬燈会もまた、先祖の霊を迎える行事。16日には、大の字形に灯明を灯す送り火によって精霊を送る。

**壬生寺**ではお盆の期間中、万灯供養会が行われ、そのうち９日と16日には地元に伝わる**六斎念仏**が奉納される。

46 解答
エ 化野念仏寺

問
47

六地蔵巡りの中で、西国街道に面している浄禅寺の通称はどれか。

ア 山科廻地蔵　　　　イ 伏見六地蔵

ウ 鳥羽地蔵　　　　　エ 鞍馬口地蔵

　京の六地蔵巡りは、8月22日と23日の両日に行われる。ふだんはひっそりとした寺が、この2日間は巡拝者でにぎわう。京の六地蔵は都への入り口6カ所にある。地蔵の名と旧街道名は整理して頭に入れておきたい。

　ここで問われているのは西国街道（京の東寺口から高槻、箕面、西宮へ）に位置する地蔵で、**鳥羽地蔵**＝写真＝のことである。城南宮の北あたり、上鳥羽にある。

　同じく南に向かう街道としては、奈良街道（山科から六地蔵、宇治経由で奈良へ）に**伏見六地蔵**（大善寺）がある。

　**山科廻地蔵**（徳林庵）は、東に向かう東海道（山科から大津、終点は江戸日本橋）沿いで、場所は京阪四宮駅の西。

　**鞍馬口地蔵**（上善寺）は、北へ向かう鞍馬街道沿いにかつてはあった。地下鉄鞍馬口駅の東方向。

　残る二つの地蔵は、周山街道の常盤地蔵（源光寺）と、丹波街道の桂地蔵（地蔵寺）である。

47 解答
ウ 鳥羽地蔵

5 祭りと行事に関する記述について、最も適当なものをア〜エから選びなさい。

問
48

出御祭、夜渡り神事、れいけんに続いて、祇園祭山鉾の原形とされる剣鉾を持ち歩行する妙技でも知られる祭りは何か。

ア 粟田祭

イ 瑞饋祭

ウ 亀岡祭

エ 嵯峨祭

　10月の第2月曜日（スポーツの日）の前々日から15日にかけて行われる**粟田祭**＝写真＝である。その間の4日間にさまざまな祭りが行われ、それらを総称して粟田祭と呼ぶ。「夜渡り神事」では粟田大燈呂の巡行が、「れいけん」では知恩院が参加しての神仏習合による祭りが復活している。

　**ずいき祭**（10月1〜5日）は、北野天満宮の秋祭り。ずいきなどの野菜や乾物で飾ったずいき神輿が珍しい。

　鍬山神社の秋季大祭である**亀岡祭**（山鉾行事は10月23〜25日）は、丹波の祇園祭として親しまれている亀岡の秋祭り。くじ取り式、神輿渡御、各山鉾町での山建て、宵宮、山鉾巡行などがおよそひと月間続く。

　**嵯峨祭**（5月第3日曜〜第4日曜）は、愛宕神社・野宮神社の祭りで、神輿が御旅所に1週間とどまる。

**48 解答**
ア 粟田祭

問
49

時代祭で献花列に参加する女性たちは誰か。

ア 白川女　　　　　　　　イ 桂女
ウ 大原女　　　　　　　　エ 楽人

時代祭の行列で献花列とは、正式には**白川女**献花列のこと。白川女は比叡山を水源とする白川の流域に住み、季節の花々を都に届けるのを生業としてきた。その歴史は古く、平安時代の中頃から御所に花を届けていたともいわれる。紺木綿の着物の肩に手ぬぐいをかけ、花を頭に載せているのが特徴。行列開始前の行在所祭の神事でも、白川女は参加して献花を行う。

**桂女**と大原女も、白川女と同じ京の職業女性だが、こちらは室町時代以降の中世婦人列に参加している。桂に住む桂女は、桂川の鮎や飴を京の町に売り歩いたり、また婚礼や出産時に祝詞をとなえる巫女でもあった。小袖姿で、頭に白布を巻いた独特の桂包をしている。

**大原女**は、洛北大原の里から炭や薪を頭に載せ、都へ売りに出た女性たちのこと。

時代祭の長い行列は、各時代が終わった最後が神幸列となるが、そのあとに白川女献花列、そして祭神を警護する弓箭組列で行列を締めくくる。

49 解答
ア 白川女

問
50

12月23日に一年の無病息災を祈願し、参拝者にかぼちゃを接待する寺院はどこか。

ア 鈴虫寺　　　　　イ 矢田寺

ウ 三寶寺　　　　　エ 千本釈迦堂

　冬至にカボチャを食べると中風除けや諸病退散になるという習わしから、冬至に近い12月23日にカボチャを炊いて無病息災を祈願し、参拝者にふるまう。この寺は洛中の寺町通三条上ル、アーケードの中にある**矢田寺**である。矢田寺といえば、重文である「矢田地蔵縁起」を伝える寺だが、もう一つ、お盆に六道まいりで迎えた先祖の霊を8月16日に見送る「送り鐘」を撞きに行く寺としても知られている。

　12月にはまた、同じく中風除け・諸病退散を願っての大根焚きの行事も、京の風物詩となっている。**千本釈迦堂**（大報恩寺）の大根焚き・成道会法要は12月7日と8日、鳴滝・了徳寺の報恩講・大根焚きは12月9日と10日と、これらは古くからよく知られている。ほかには、了徳寺と同じ鳴滝・**三宝寺**の厄落としの大根焚き行事、洛西・**鈴虫寺**では年末「納めの地蔵」行事としての大根焚きが行われている。

50 解答
イ 矢田寺

問
51

正月を祝うお節料理の中で特に重要な「三種」と呼ばれるのは、ごまめ、数の子ともう一つは何か。

ア たたき牛蒡　　　　イ にらみ鯛

ウ くわい　　　　　　エ 昆布巻き

　正月料理の雑煮もお節も、自然の恵みに感謝し豊作を願って神に捧げる節供料理に由来する。正月に両細の「柳箸」を使うのは、神人共食の様式。もともとは神様へのご馳走であったものに、人間の切実な願いを重ねて、縁起を担ぐ食材や料理が用いられるようになった。

　お節料理は重箱に詰められ、一番上の「一の重」には、必ず「三種」と呼ばれる大切な料理を盛り付ける＝イラスト＝。三種とは、**たたき牛蒡**とごまめ、数の子。たたき牛蒡は、土の中に根をおろす牛蒡にちなみ、家内の安泰がしっかりと保てるようにとの願いが込められている。茹でてたたいた牛蒡を胡麻酢和えにして調理する。ごまめは五穀豊穣、数の子は子孫繁栄などを祈って調える。

　**にらみ鯛**とは、尾頭つきの鯛の塩焼きを、正月三が日は食べないで見る（睨む）だけに留めるところからきている。**くわい**には「芽が出るように」との願いが込められている。**昆布巻き**は「よろこぶ」の言葉にかけたもの。

**51 解答**
**ア たたき牛蒡**

**6** 京料理、京菓子、ならわし、ことばと伝説に関する記述について、最も適当なものを➡～⊒から選びなさい。

問
**52**

西山一帯で生産される京野菜で、施肥、土入れ、間伐などすべて手作業で行われ、品質と味のよさでは日本一という定評をもつものはどれか。

➡ 京うど 　　　　　➡ 京みょうが

➡ 京たけのこ 　　　➡ 京せり

　食用のたけのこの代表は孟宗竹である。孟宗竹はまず京都に導入されて、日本各地に広まったといわれている。たけのこは竹藪があれば自然に生育するものだが、京都産の「**京たけのこ**」＝写真＝は、人の手が念入りに入ったたけのこ畑で生産される。施肥をはじめ敷き藁や敷き草、土入れなどの作業をすることで、柔らかな土壌を整備する。親竹の選定と先止めなど、年間を通じて周到な管理を行っている。京たけのこは口当たりが柔らかくて、えぐみが少なく、高貴な香りとほのかな甘みがある。特に京都府南部の粘土質の土壌から生産される黄色味をおびたタケノコは「シロコ」と呼ばれ、たけのこの最高級品として知られている。

　**京せり**は京都の地で1000年以上の栽培の歴史をもつ。白くて太短い**京うど**、黄色地に紅を帯びた**京みょうが**は、共に江戸時代から栽培されてきた。生産量は多くはないが、品種と伝統的な栽培法を守る京の伝統野菜である。

**52 解答**
➡ **京たけのこ**

**6** 京料理、京菓子、ならわし、ことばと伝説に関する記述について、最も適当なものをア～エから選びなさい。

**問 53**

京都独自の酒造好適米で、一時は栽培が途絶えたが関係者の努力で復活し、平成4年（1992）に製品化された。現在では京都の契約農家で栽培され、京都の蔵元だけが使用している酒米は何か。

ア 祝 　　　　　　　　　イ 赤米

ウ 山田錦 　　　　　　　エ 五百万石

　京都産の酒米「祝」は昭和8年（1933）、京都府立農業試験場丹波分場で誕生し、当初から酒造好適米として評価され、京都府奨励品種に指定された。ところが戦後の食用米増産のため指定から除外。食料事情が改善した昭和30年に指定を戻され、一時は良質酒米として伏見の酒造で最も多く使用されていたが、収量が少なかったために昭和49年以降、栽培が途絶えてしまった。世の中の高級酒志向が高まる中、63年に伏見酒造組合の働きかけによって「祝」の復活をめざし、府が栽培試験を開始。平成に入って栽培が再開され、酒の製品化が始まった。以来、平安建都1200年記念事業において「祝」で醸された酒への高評価、また「祝」による酒が全国新酒鑑評会にて金賞を受賞するなど、賞賛を得続けている。

　「祝」は吟醸酒等のしっかりと精米する酒造りに適しており、京都の水で仕込むときめ細かく膨らみのある風味が醸されて、京料理に合う味わい。

**53 解答**
ア 祝

京料理、京菓子、ならわし、ことばと伝説に関する記述について、最も適当なものをア～エから選びなさい。

問
54
行者餅はある行事に合わせて販売される。その行事とは何か。

ア 長刀鉾稚児社参 　　 イ 祇園祭の宵山

ウ 弘法さんの縁日 　　 エ 雛祭り

行者餅とは、7月16日の**祇園祭の宵山**に販売される歴史ある菓子。文化3年（1806）のこと、柏屋の四代目が大峰回峰の修行中に、霊夢のお告げ通りの菓子を謹製して、祇園祭の役行者山に供えた。さらにこの菓子を縁者に配ったところ、食した者は当時流行していた疫病に感染しなかったという。以後、無病息災の霊菓であるとされ「行者餅」の名で知られるようになった。行者餅は現在、柏屋光貞で連綿と製菓されている。小麦粉に砂糖を加えて薄く焼き、その皮に白餅を置き、その上に山椒味噌を塗って折り畳んで仕上げる。

7月13日の祇園祭の**長刀鉾稚児社参**の折に、門前の料亭の中村楼では、代々「ちご餅」を献じてきた。ちご餅をヒントにした三條若狭屋の「祇園ちご餅」は、年中販売されている京土産の銘菓。東寺の**弘法さんの縁日**の前後には、笹屋伊織が「どら焼」を販売する。江戸時代末期に五代目当主が、銅鑼を用いて焼いたことに始まる。

3級

2級

1級

54 解答
イ 祇園祭の宵山

問
55

食べ初めで、尾頭付き、赤飯、吸い物、なますの他に、歯が丈夫になるようにと願いをこめて添えられるものは何か。

ア 万年青　　　　　　　イ 筆
ウ 炭　　　　　　　　　エ 石

　食べ初めとは、赤ちゃんが初めて食べ物を口にする祝いの儀式。健康と長寿、生涯食に満たされるようにとの願いがこめられている＝イラストはイメージ＝。

　伝統的には「食べ初めを行う時期は生後100日目、120日目、あるいは120日より少し後がよい」とされる。用意する膳と器は、男の子用は皆朱塗、女の子用は内朱外黒塗。膳の献立には、赤飯、ハマグリなどの吸い物、紅白なますなどの酢の物、香の物の一汁三菜。ほかには、鯛などの尾頭つきの魚の塩焼きを並べて、子どもの成長を寿ぐこともある。これらの料理を決められた順に、赤ちゃんの口に軽くつける。食べ初めは「歯がため」ともいい、丈夫な歯の成長も願う。祝いの膳に、硬いもの象徴である**石**が用意されるのはこのためである。まず箸先で石に触れて、その箸先を赤ちゃんの歯茎につける。料理を赤ちゃんに食べさせる役目は祖父母や親戚の最年長者が担うことが多い。

**55 解答**
**エ 石**

京料理、京菓子、ならわし、ことばと伝説に関する記述について、最も適当なものをア〜エから選びなさい。

| 問 56 | 京ことばで、こぶや腫れ物を意味する言葉といえばどれか。 |

ア ナンボ

イ デンボ

ウ オイド

エ ヨンベ

設問の選択肢を順番に見ていくと、「ナンボ」は「これ、なんぼ？」「ナンボ言うても、分からへんのやなあ」などと、今でもよく使われる。いくら（値段や数量をたずねる）、どれほど、どんなに、という意味で、「ナニホド（何程）」が語源とされている。

次の「デンボ」は、こぶや腫れ物を意味する。「デンボができてなあ」などと使う。その語源は「出る」に「坊」をつけて擬人化した「出坊」が撥音化したものと思われる。

「オイド」は、お尻の丁寧語。主に女性が使う。漢字で書けば「御居処」。「居る所・座る所」の意味で、御所ことばでもある。最後、ビリの意味でも使われる。

「ヨンベ」というと、昨夜を意味する。「ユウベ（夕べ）」と同じ意味で、これは「夕（宵）」と「辺」から成る。平安時代には「ヨベ」と言っていた。

3級

2級

1級

56 解答
イ デンボ

問
57

京ことばで「ナンバ」とは何を指すか。

ア さつまいも　　　　　イ ぎんなん

ウ とうもろこし　　　　エ かぼちゃ

　京ことばで「ナンバ」というと、**とうもろこし**のことである＝イラスト＝。「ナンバ」は「南蛮」の意味で、南蛮渡来から。「ナンバン」ともいう。江戸時代の中頃まで、畿内では「南蛮キビ」といっていた。その頃、東国ではトウモロコシ、西国および常陸、越前ではトウキビ、遠州では南蛮トウノキビと呼んだとあり、地域によってずいぶん呼び名の違う食べものであったことが分かる。

　**さつまいも**は、京都では「おいもさん」と親しみを込めて呼ばれたりする。

　**ぎんなん**は、なんきん（南瓜）と共に「ん」が２つつく食べもの。京都には、冬至に「ん」の２つつくものを７品食べる習わしがあり、具体的にはニンジン、レンコン、きんかん、寒天、うどん（うんどん）などを食す。

　なんきん（南瓜）は**かぼちゃ**のことだが、京都では「おかぼ」と呼ばれている。かぼちゃの煮物は「おかぼの炊いたん」となる。

**57 解答**
ウ とうもろこし

京料理、京菓子、ならわし、ことばと伝説に関する記述について、最も適当なものを㋐〜㋓から選びなさい。

問
58
京都のことわざで、「伊勢へ七たび熊野へ三たび…」と、伊勢神宮や熊野三山とともに、月参りすることで並び称される京都の神社はどこか。

㋐ 熊野神社　　　　　㋑ 籠神社

㋒ 愛宕神社　　　　　㋓ 八坂神社

3
級

　火伏の神・**愛宕神社**は、京都では「月参りする」日常的な神様である。7月31日夜からの「千日詣り」は、千日分のご利益がある。「阿多古祀符・火迺要慎」御札と樒が授与される。役行者と泰澄が神廟を、慶俊（キョウシュンとも）僧都と和気清麻呂が白雲寺を建立。神仏習合時代に愛宕権現本地仏の勝軍地蔵、太郎坊天狗（奥の院）が祀られた。明治時代の神仏分離で、勝軍地蔵は金蔵寺（西京区）に移された。

　京都の**熊野神社**は弘仁2年（811）に役小角の十世僧日圓が紀州から熊野大神を勧請したのが創始。「元伊勢お伊勢の故郷じゃ」と謡われるように、丹後一宮・元伊勢**籠神社**は伊勢神宮の元宮。宮司家の祖神・彦火明命を主祭神に、豊受大神（外宮神）と天照大神（内宮神）を祀る。**八坂神社**は素戔嗚尊（牛頭天王）を祀り、疫病退散を祈願する御霊会を起源とする祇園祭を執行する。

2
級

1
級

**58 解答**
㋒ 愛宕神社

**6** 京料理、京菓子、ならわし、ことばと伝説に関する記述について、最も適当なものを ア～エ から選びなさい。

**問 59**

了徳寺には、教えを説いた親鸞聖人に村人たちが大根を炊いてもてなし、聖人はお礼として念仏を書き上げて去ったという伝説が残る。その寺にある親鸞聖人ゆかりの塚は何か。

ア おかめ塚　　　イ 文塚

ウ 久志塚　　　エ すすき塚

　右京区鳴滝にある真宗大谷派の了徳寺（りょうとくじ）は、12月9日と10日に行われる「大根焚き（だいこだき）」で知られる。親鸞聖人所縁の**すすき塚**は本堂横にある＝写真＝。聖人が書かれた「帰命尽十方無（きみょうじんじっぽうむ）無碍光如来（げこうにょらい）」の書は寺宝として伝わる。

　千本釈迦堂（大報恩寺（だいほうおんじ））にある**おかめ塚**は、本堂造営を請け負っていた長井飛騨守高次（ながいひだのかみたかつぐ）の失敗を、妻・おかめが命がけで補った献身的な妻の愛を伝える。棟上げ式に用いられる御幣（ごへい）に飾られる「おかめさん」の起源である。

　山科区小野にある隨心院（ずいしんいん）は、小野小町（おののこまち）の邸宅跡と伝わり、深草少将の「百夜通い（ももよがよい）」伝説が伝えられている。境内の**文塚（ふみづか）**は、小町に届いた数多の恋文を埋めたという。

　東山区の安井金比羅宮（やすいこんぴらぐう）の**久志塚（くしづか）**は、昭和36年（1961）9月に建立されて以来、使い古した櫛や折れた櫛などに感謝の心を込めて、櫛供養の祭典を行っている。また、「美」との縁を結ぶという願を込めた美顔絵馬を授与する。

**59 解答**
**エ すすき塚**

京料理、京菓子、ならわし、ことばと伝説に関する記述について、最も適当なものを ア〜エ から選びなさい。

問 60

宇治川の興聖寺浜にある３メートル余りの石は、豊臣秀吉が伏見城を築いた時に城内に地下水道を引かせる際、水の取り込み口をわかりにくくするために置いたとされる。この石は何石と呼ばれるか。

ア 亀石
イ へそ石
ウ 月延石
エ 瓜生石

3級

2級

1級

宇治川には奇岩怪石が多かったようだ。興聖寺前の**亀石**はその一つである。垂仁天皇が川中の大亀を矛で刺し抜くと石になったという伝説もある。

**へそ石**は、平安京の道路計画において六角堂が道筋にあり、工事に支障があるとして、勅使が遷座を祈ると、本堂が自ら北へ動き、礎石だけが残された伝説がある。『都名所図会』六角堂絵図には門前の通りに礎石がある。この礎石がへそ石で、京都の中央を示すといわれた。

松尾大社の摂社である月読神社境内にある**月延石**は、安産祈願の信仰がある。『雍州府志』巻三によれば、神功皇后が戦に行くのでこの石をなでて産月を延ばしたと伝わる。筑紫（福岡県）にあったものをここに移したという。

**瓜生石**は知恩院の門前の道路の真ん中にあり、周囲を厳重に石柵で囲まれている。この石には、誰も植えたおぼえがないのに瓜のツルが伸び、花が咲いて実がなったという説などさまざまな伝説がある。

60 解答
ア 亀石

**問61**

京都市内には、職業が町名になったところは多く、烏丸通に沿って三条通から六角通あたりに（　　　）という町名がある。

**ア** 米屋町　　　　　　　　　　**イ** 昆布屋町
**ウ** 八百屋町　　　　　　　　　**エ** 饅頭屋町

---

　京都の町名には職業にちなんだもの以外にも、大きな屋敷や伝承に由来する町名などがある。

　**饅頭屋町**の町名は一説に、中国から日本に饅頭を伝来した中国南北朝時代の僧、林浄因に由来するという。一説には林浄因が貞和5年（1349）に来日し、餡入りの饅頭を製し宮中に献上したという。その子孫が居を構えて饅頭づくりを始めたのが現在の饅頭屋町近辺である。

　**米屋町**は、中京区にある町名で、四条河原町から北側に広がっている。

　**昆布屋町**は、丸太町通に沿って麩屋町通あたりの中京区にある町名。

　**八百屋町**は、六角通に沿って麩屋町通から寺町通あたりに広がる中京区の町名。

**61 解答**
**エ** 饅頭屋町

地名、自然、観光、時事に関する記述について、（　　　）に入れる最も適当なものをア〜エから選びなさい。

問62

伝統的建造物群保存地区である（　　　）は、かやぶきの里と呼ばれ、かやぶき屋根の民家が立ち並んでいる。

ア 美山町北　　　　　　イ 伊根浦

ウ 加悦　　　　　　　　エ 産寧坂

いずれも国が選定した「重要伝統的建造物群保存地区」。

京都市は町並み景観保全のために、昭和47年（1972）に「特別保全修景地区」制度を設立。最初に指定されたのが産寧坂（ねいざか）地区である。

この制度が設けられた3年後、昭和50年には文化財保護法が改正され、ここに国として新たな文化財の類型として歴史的な集落や町並みを保護する制度である「伝統的建造物群保存地区」制度が盛り込まれた。

この中、市町村の申出に基づき、伝統的建造物群保存地区のうち、わが国にとってその価値が特に高いものを、「重要伝統的建造物群保存地区」として選定することができることとなった。

京都市内では「特別保全修景地区」に指定された産寧坂地区（昭和51年）・祇園新橋地区（同51年）に加えて、嵯峨鳥居本地区（同54年）、上賀茂地区（同63年）が「重要伝統的建造物群保存地区」に選定された。

京都府内では、山村集落である南丹市**美山町北**（平成5年）の「かやぶきの里」、漁村である伊根町**伊根浦**（同17年）「伊根の舟屋群」および製織町である与謝野町**加悦**（かや）の「ちりめん街道」が選定された。

**62 解答**
ア 美山町北

3級

2級

1級

> 問
> 63
>
> 氷河期以来の貴重な水生植物などが生息している（　　　）は、「生物群集」として国の天然記念物に指定されている。
>
> ⑦ 広沢池　　　　　　　　　⑦ 大沢池
> ⑦ 八条ヶ池　　　　　　　　⑦ 深泥池

深泥池（ミドロガイケとも）＝写真＝は、周囲約1.5キロメートル、面積約９ヘクタールの池である。国の天然記念物に指定されたのは昭和２年（1927）。昭和63年には池の生物群集全体に対象が広げられた。氷河期以来の動植物が今も生き続けている。ほかにも多くの水生植物、昆虫、魚類、野鳥等が生息している。

西日本の平坦地では珍しい浮島が池の中央に広がり、池全体の３分の１の面積を占めている。この浮島の下には水の層があって浮いていることが確認されている。この浮島上には多様な植物・小動物などが生育している。

嵯峨野にある**広沢池**では、12月に水を抜いて泥をさらい、魚を収穫する「鯉揚げ」が行われる。

**大沢池**は日本三大名月観賞地の一つとされ、中秋の名月に合わせて「観月の夕べ」が行われる。

長岡天満宮には江戸時代のはじめに八条宮智忠親王が整備した**八条ヶ池**が広がり、キリシマツツジの名所でもある。

63 解答
⑦ 深泥池

**7** 地名、自然、観光、時事に関する記述について、（　　　）に入れる最も適当なものを㋐〜㋓から選びなさい。

> **問64** 四季折々の草花が咲き揃う（　　　）は、大正13年（1924）に開園した日本初の公立植物園であり、敷地内には半木神社もある。
>
> ㋐ 福知山市都市緑化植物園　㋑ 夢コスモス園
> ㋒ 宇治市植物公園　㋓ 京都府立植物園

　**京都府立植物園**＝写真＝は、第二次世界大戦中は食糧増産の場となり、戦後は連合軍に接収されて多くの樹木が伐採されるなど苦難の時代が続いたが、昭和36年（1961）に再び開園。園内の南側は観覧温室や花壇、洋風庭園などで構成されている。北側は、園内唯一の自然林であるなからぎの森や日本各地の山野に自生する植物をできるだけ自然に近い状態で植栽した植物生態園があり、より自然に近い景観を形づくっている。

　**福知山市都市緑化植物園**は、「スモールテラ（小さな地球）」の愛称で親しまれている。同園のある三段池公園にはほかに動物園や児童科学館、テニスコートなどがある。

　**宇治市植物公園**には日本一を誇る立体花壇「花と水のタペストリー」があり、市にちなんだテーマやキャラクターの絵柄が季節の草花で描かれる。

　亀岡市の京都丹波／亀岡「**夢コスモス園**」は、毎年秋に約800万本のコスモスが咲き誇る関西最大級のコスモス園。

64 解答
㋓ 京都府立植物園

問
65

（　　　）には、京友禅の生地をアクリルで包み、高さ約2メートルのポールにし、構内や周辺に600本も飾った「キモノフォレスト」がある。

ア 阪急嵐山駅　　　　　　イ 嵐電嵐山駅
ウ JR嵯峨嵐山駅　　　　 エ トロッコ嵐山駅

　京都有数の観光地である嵐山には、さまざまな鉄道会社の電車が乗り入れている。平成25年（2013）に設置されたキモノフォレスト＝写真＝は、その中の一つ、京福電鉄の**嵐電嵐山駅**で観光客を迎え、その目を楽しませている。

　嵐山とは、正しくは右京区と西京区にまたがり、渡月橋の西にそびえる標高381.5メートルの山を指す。国の史跡・名勝であり、山腹には岩田山自然遊園地や「十三まいり」で知られる法輪寺がある。実際には桂川一帯を含めて嵐山と称され、早くから公園整備が行われてきた。春は桜、秋は紅葉の名所であり、古くから歌枕として多くの歌に詠まれている。

　**阪急嵐山駅**は、桂駅から嵐山駅までを結ぶ阪急電鉄嵐山線の駅。**JR嵯峨嵐山駅**は、JR西日本の京都駅から山口県の幡生駅までを結ぶ山陰本線（嵯峨野線）の駅。**トロッコ嵐山駅**は、トロッコ嵯峨駅からトロッコ亀岡駅までを結ぶ嵯峨野観光鉄道の駅。

65 解答
イ 嵐電嵐山駅

問66

今年（2020）、明治期の復興策として竣工してから130年の節目を迎えた（　　　）は、文化庁の日本遺産に認定された。

ア 円山公園　　　　　　イ 琵琶湖疏水

ウ 京都駅　　　　　　　エ 京都国立博物館

**琵琶湖疏水** ＝写真＝ は、琵琶湖と京都を結ぶ水路で、明治18年（1885）に着工し、同23年に完成。平成元年（1989）には「琵琶湖疏水記念館」が開館し、同8年には、関連施設12カ所が国の史跡に指定されている。

京都百年の大計として行われた琵琶湖疏水建設は、当時の日本の技術の粋を集めた事業であった。しかし、自動車や鉄道等の急速な発達に伴い、舟運はその数を減らし、昭和26年（1951）9月運航が最後となった。以来、琵琶湖疏水における舟運の復活を望む声は幾度となく挙がったものの、実現には至らなかった。

その後、長い準備期間を経て、平成27年春に滋賀県大津市から京都市・蹴上までの約7.8キロメートルの区間で「琵琶湖疏水通船復活」試行事業を実施。64年ぶりに琵琶湖疏水での舟運が復活した。平成30年春には本格的な運航がスタートした。

66 解答
イ 琵琶湖疏水

3級

2級

1級

171

**問 67**

新型コロナウイルス感染症が猛威をふるった今年（2020）、江戸後期の刷り物に出てくる妖怪アマビエが疫病を鎮めるとして話題になった。その刷り物（写真）は（　　　）に所蔵されている。

ア 京都工芸繊維大学附属図書館
イ 京都府立京都学・歴彩館
ウ 京都大学附属図書館
エ 京都市立芸術大学芸術資料館

『肥後国海中の怪（アマビエの図）』
（京都大学附属図書館所蔵）

　アマビエが広く知れ渡ったのはツイッターからともいわれ、この図を掲載した江戸時代の瓦版を所蔵する**京都大学附属図書館**の公式ツイッターも話題を呼んだ。この図は「肥後国海中の怪（アマビエの図）」として、同大学の貴重資料デジタルアーカイブで公開されている。

　京都府立総合資料館を前身とする**京都府立京都学・歴彩館**は、平成29年（2017）に開館。京都の歴史・文化に関する資料の収集、保存、公開の機能に研究支援や学習・交流の機能が加わった。

　**京都工芸繊維大学附属図書館**は昭和24年（1949）、新制大学としての大学創立時に、前身校である京都工業専門学校と京都繊維専門学校の蔵書を引き継いで発足。

　**京都市立芸術大学芸術資料館**は平成３年に設置された同学内の博物館相当施設。明治13年（1880）に開校した京都府画学校以来の140年を超える歴史を受け継いでいる。

**67 解答**
**ウ 京都大学附属図書館**

**7** 地名、自然、観光、時事に関する記述について、（　）に入れる最も適当なものをア～エから選びなさい。

**問 68** （　）にある京都電気鉄道の明治期の車両（京都市交通局二号電車）は今年（2020）、重要文化財に指定された。

ア 梅小路公園　　　　　イ 柴田屋敷町公園
ウ 平安神宮　　　　　　エ 伏見稲荷大社

　重文の指定を受けたのは、日本初の路面電車として明治28年（1895）に開業した京都電気鉄道で使用されのちに京都市交通局へ合併の際譲渡された路面電車のうち、現存する最も製造年代の古い車両の一つで、**平安神宮**が所有している。明治44年に大阪府堺市で製造された先駆的な初期の国産路面電車の車輌で、交通史上、科学技術史上に高い価値を持つ。昭和36年（1961）の北野線廃止直前まで使用された。

　平成7年（1995）に開園した**梅小路公園**でも、京都電気鉄道から京都市交通局へ譲渡された車両が改造され、今も園内を走っている。同園内には平成24年に京都市初の本格的な水族館「京都水族館」が、平成28年に日本最大級の鉄道博物館「京都鉄道博物館」が開館した。

　伏見区の**柴田屋敷町児童公園**には京都市電伏見線を走っていた車両が保存され、現在は地域の集会所として使用されている。

**68 解答**
ウ 平安神宮

173

問
69

今年（2020）、応仁・文明の乱以降途絶えていた北野天満宮と（　　）が合同で営む「北野御霊会」が約550年ぶりに再興され、新型コロナウイルス感染症の早期終息や国の安寧を祈った。

ア 延暦寺　　　　　　　イ 東寺

ウ 醍醐寺　　　　　　　エ 知恩院

　北野天満宮の「北野御霊会（きたのごりょうえ）」はかつて、永延元年（987）に一条天皇の勅命による「北野祭」に合わせて盛大に行われており、**延暦寺**の末寺「祇園感神院（ぎおんかんしんいん）」の御霊会を発祥とする祇園祭と共に、当時日本の御霊会を代表していた。しかし応仁・文明の乱の影響で、北野祭と御霊会は途絶えてしまった。

　その後も北野天満宮の遷宮の際に、延暦寺の僧が法要を営んでいた記録が残っていたり、天台座主揮毫の扁額が残っていたりと交流が続いていたが、明治政府が定めた神仏分離令のため、合同で行う行事は中断していた。

　今年（2020）9月に再興された北野御霊会には、北野天満宮に比叡山延暦寺（滋賀県大津市）の高僧らが招聘され、神仏習合の形式での祭礼が再興された。国宝の本殿で、天台宗最高の修行とされる法華経問答「山門八講」も行われた。

**69 解答**
**ア 延暦寺**

問70

（　　　）は、官営であった織殿（旧織工場）が民間に払い下げられ創設された京都織物会社に出資し、同社の相談役や取締役会長を歴任した。

ア 明石博高　　　　　　イ 久原房之助
ウ 渋沢栄一　　　　　　エ 野村徳七

明治維新後、事実上の東京遷都によって京都は活気を失った。そこで府や財界人は、産業の復興に乗り出した。その一人、京都府染工講習所の稲畑勝太郎らは、大規模な洋式の織物会社の設立を実業家の**渋沢栄一**（1840～1931）に相談し、明治20年（1887）に発足したのが京都織物会社である。その本社建物は、現在は京都大学東南アジア研究所の図書室として活用されている。

**明石博高**（あかしひろあきら）（1839～1910）は京都の薬種商出身の化学者・殖産家。京都に舎密局を創設し、勧業政策の第一線で活躍した。

**久原房之助**（くはらふさのすけ）（1869～1965）は山口県出身の実業家・政治家。日立鉱山の創業者。戦後、衆議院議員として日中・日ソ国交回復に尽力した。

**野村徳七**（得庵、1878～1945）は大阪府出身の実業家。南禅寺近くの野村美術館は、茶道具・能面・能装束をはじめ、得庵のコレクションを所蔵。

3級

2級

1級

70 解答
ウ 渋沢栄一

8 **【公開テーマ問題】** 京都のスポーツ文化に関する記述について、最も適当なものをア〜エから選びなさい。(71)〜(80)

---

**問 71**

「スポーツの守護神」とも呼ばれる白峯神宮の社地は、かつて蹴鞠の宗家の邸宅があった。その宗家はどれか。

ア 九條家　　　　　イ 飛鳥井家
ウ 冷泉家　　　　　エ 近衛家

---

**飛鳥井家**は藤原北家・難波流を継ぐ羽林家の一つで、家祖の雅経（1170〜1221）より代々、蹴鞠と和歌を家業とした。白峯神宮＝写真は境内の蹴鞠の碑＝のある上京区今出川通堀川東に邸宅があった。神宮の石灯篭に今も飛鳥井町と彫られているのはその名残。境内末社の精大明神は「まり大明神」とも呼ばれる。神宮は、サッカーなどの球技に限らず広くスポーツ関係者の信仰を集め、勝利祈願札の奉納が絶えない。

蹴鞠は飛鳥時代に中国から伝わった球技で平安時代に流行した。一座6〜8人で、直径約24センチの鹿革で編んだ鞠を蹴り、落とさないように続ける。白峯神宮では「淳仁天皇（祭神）祭」の4月14日に蹴鞠奉納がある。蹴鞠保存会の人たちが、水干に烏帽子、皮沓の姿で登場。蹴るたびに「アリ」「ヤー」「オウ」と掛け声をかけ合い、優雅な王朝風俗を再現してみせる。昭和59年（1984）、京都市の無形民俗文化財に登録された。

71 解答
イ 飛鳥井家

問
72

寛治7年（1093）、それまで宮中で行われていたある行事を、この年から毎年賀茂社で行うこととされた。その行事とは何か。

⑦ 相撲節会　　　　　　⑦ 射礼
⑦ 踏歌節会　　　　　　① 競馬

　上賀茂神社の**競馬**は一般に賀茂競馬と呼ばれ、5月5日に催行される。宮中武徳殿で行われていた節会の競馬会式を、堀河天皇の時代に同社へ移した。乗尻（騎手）は右方と左方に分かれ、舞楽装束を着けて1組ずつ2頭並んで疾駆する。天下泰平と五穀豊穣を祈願する行事で、京都市の無形民俗文化財に登録されている。

　**相撲節会**は、7月の宮中行事で天皇が相撲を観覧した。天平6年（734）が始まりとされ、平安時代後期には廃絶した。

　**射礼**は、主に平安時代に行われた宮中行事。正月17日、天覧のもと建礼門前などで親王以下の貴族や官人たちが弓技を披露した。天皇と諸臣の宴を伴うこれら三つの宮中行事は三度節と呼ばれる。

　宮中の正月行事で、14日から16日にかけ男女による群舞形式の歌舞（踏歌）を披露したのが**踏歌節会**。平安時代末期には盛んに行われたという。

3級

2級

1級

72 解答
① 競馬

【公開テーマ問題】 京都のスポーツ文化に関する記述について、最も適当なものをア～エから選びなさい。

<table>
<tr><td>問<br>73</td><td>1月15日に近い日曜日に三十三間堂で行われる行事は何か。</td></tr>
</table>

ア かるた始め式　　　イ 蹴鞠初め

ウ 通し矢　　　エ 烏相撲

東山区にある三十三間堂（蓮華王院）では、西側の長い回廊（約120メートル）を使って、弓術に長けた武士が矢を射通す腕試しの**通し矢**が古くから行われていた。江戸時代初期には、一昼夜24時間内に射通した数を競う「大矢数（おおやかず）」が盛んになった。紀伊、尾張、荘内などの各藩が名誉をかけた争いを繰り広げ、紀州藩士の和佐大八郎が貞享3年（1686）に達成した8133本が最高記録として残る。

人々を沸かせたこの故事にちなみ、1月15日に近い日曜日に「三十三間堂大的（おおまと）全国大会」が境内で開かれる。例年、新成人を含め約2000人が参加。振袖姿も交じって約60メートルの距離で直径1メートルの的を狙う。当日は本堂で「楊枝（やなぎ）のお加持」が営まれ、無病息災にご利益があるという法水が参拝者に振りかけられる。

**かるた始め式**は八坂神社で1月3日に、**蹴鞠初め**は下鴨神社で1月4日に奉納する行事。**烏相撲**は八咫烏（やたがらす）の故事にちなんで、重陽の節句（9月9日）に上賀茂神社で行う子ども相撲。

73 解答
ウ 通し矢

【公開テーマ問題】 京都のスポーツ文化に関する記述について、最も適当なものをア～エから選びなさい。

**問74**

明治29年（1896）に大日本武徳会の遊泳部として創設され、立ち泳ぎを特徴とする日本泳法の伝統を伝える、平成時代にはアーティスティックスイミング（旧シンクロナイズドスイミング）のオリンピックメダリストも輩出した団体は何か。

ア 京都踏水会　　　　イ 京都フローラ
ウ 京都ハンナリーズ　エ おこしやす京都AC

小堀流踏水術は、立ち泳ぎを特徴とする日本古式泳法で、**京都踏水会**＝写真＝の前身・大日本武徳会游泳部が、発足翌年の明治30年（1897）に採用した。平成25年（2013）、公益財団法人となった京都踏水会は「健康づくりを目ざすスイミングクラブ」として、水泳の普及発展、競技力向上のほか、日本泳法の保存・研究をうたっている。所属選手からは旧シンクロナイズドスイミングの五輪メダリスト、奥野史子、立花美哉、武田美保らを輩出した。

**京都フローラ**は日本女子プロ野球機構所属のチームで、前身の京都アストドリームスを継いで平成27年から活動。**京都ハンナリーズ**はBリーグ（ジャパン・プロフェッショナル・バスケットボールリーグ）所属のチームで平成20年設立。本拠地は右京区の京都市体育館。**おこしやす京都AC**は、アマチュア社会人サッカーチーム。現在は関西リーグの1部に所属する。

3級

2級

1級

**74 解答**
ア 京都踏水会

**8** 【公開テーマ問題】 京都のスポーツ文化に関する記述について、最も適当なものを⑦～エから選びなさい。

> **問 75**
> 大正6年（1917）4月、最初の駅伝といわれる「東海道駅伝徒歩競争」が京都－東京で行われた。この時のスタート地点はどこか。
>
> ⑦ 三条大橋      ⑦ 五条大橋
> ⑦ 御薗橋      ⑦ 賀茂大橋

　東海道駅伝徒歩競争は、東京奠都50周年を祝い東京・上野不忍池畔で開かれた博覧会の協賛事業として、大正6年（1917）4月27日から3日間にわたり、**三条大橋**―上野不忍池間の500キロメートル余りで行われた。「駅伝」の名称が使われた最初で、大会顧問の神宮皇學館長、武田千代三郎が古代の駅馬・伝馬の制などをヒントに提案したという。

　選手は東軍と西軍に分かれ、三条大橋を起点に23区間でたすきを継いだ。東軍は高等学校や師範学校の選手が多かったのに対し、西軍は愛知一中の生徒が中心だった。初の試みでトラブルが続出したが、競技は続行。東軍アンカーは、ストックホルム五輪にも出場した金栗四三で合計タイムは41時間44分。西軍はマラソン奨励に熱心だった愛知一中前校長、日比野寛（代議士、52歳）で43時間18分だった。三条大橋東詰めには日本陸上競技連盟などによる記念碑「駅伝の歴史ここに始まる」と、京都陸上競技協会の「駅伝発祥百年記念」の碑が並んで立つ＝写真＝。

**75 解答**
**⑦ 三条大橋**

8 【公開テーマ問題】 京都のスポーツ文化に関する記述について、最も適当なものを㋐〜㋓から選びなさい。

問 76

今年（2020）、京都サンガF.C.のホームスタジアムが竣工した。その最寄り駅はどこか。

㋐ 阪急西京極駅　　　　　㋑ JR亀岡駅

㋒ JR円町駅　　　　　　㋓ 地下鉄松ヶ崎駅

　京都府立京都スタジアム(サンガスタジアム by KYOCERA、亀岡市追分町）は、**JR亀岡駅**北口から徒歩３分の位置にある。構想から曲折を経て京都府が総事業費154億円を投じて建設した。サッカーＪ２京都サンガF.C.のホームスタジアムとして令和２年（2020）２月９日に開場。ラグビーやアメリカンフットボールにも使用できる球技専用スタジアムで、スタンドは21600席。命名権は伏見区に本社を置く京セラが20年間、20億円で取得した。

　スタジアムは地上４階建てでフィールドは126メートル×84メートル。天然芝を使い、客席からピッチまでは最短7.5メートルと近い。大屋根が観客席最前列より２メートル張り出しているのが特徴。スタンド下には本格的なスポーツクライミング施設やフードコート、外には３×３バスケットコート、足湯施設もある。

　JR亀岡駅は京都駅から快速電車で約20分と交通利便性が高く、開場時に行われた京都サンガF.C.対Ｊ１セレッソ大阪戦（公認練習試合）の観客100人アンケートでは、約８割がJRを利用していた。

3級

2級

1級

**76 解答**
㋑ JR亀岡駅

181

**問77**

大正8年（1919）に軟式野球大会が開催され、軟式野球発祥の地を示す少年の像がある場所はどこか。

⑦ 元立誠小学校

㋑ 元成徳中学校

㋒ 元柳池中学校

㋓ 元明倫小学校

　少年野球の普及に熱心だった京都市の文具商、鈴鹿栄は研究を重ねて大正7年（1918）に子ども向けの安全で軟らかいゴムボールを開発、発売した。翌年、このボール（軟球）を使った少年野球大会が初めて開かれたのが**元成徳中学校**の前身、成徳尋常小学校の校庭だった。鈴鹿は軟式野球への貢献で平成15年（2003）、野球殿堂入りしている。

　**元柳池小学校**は、明治2年（1869）日本で初めて小学校（上京第27番組小学校）としての授業を始めた。後身となる京都御池中学校前には「日本最初小学校　柳池校」の碑がある。**元立誠小学校**は、現存校舎を残し8階建て複合施設となっている。明治30年、ここでシネマトグラフによる初の映画試写が行われ、「日本の映画原点の地」とされる。**元明倫小学校**は現在の京都芸術センター。場内の「学校名由来記」板は、石門心学の講舎「明倫舎」の名を引き継いだことを伝える。

**77 解答**
㋑ 元成徳中学校

**8** 【公開テーマ問題】 京都のスポーツ文化に関する記述について、最も適当なものをア〜エから選びなさい。

**問 78** 「全国高等学校駅伝競走大会」や「皇后盃 全国都道府県対抗女子駅伝競走大会」の発着地となる場所はどこか。

ア 国立京都国際会館　　　イ 平安神宮
ウ たけびしスタジアム京都　　　エ 梅小路公園

　京都市西京極総合運動公園陸上競技場兼球技場は、京都スポーツの中心的施設として国体第1回（昭和21年〈1946〉）と同第43回（昭和63年）の主会場になったほか、全国高等学校駅伝競走大会など長距離レースの発着点に使われてきた。京都市の電子機器商社「たけびし」が10年間の命名権を取得して、令和元年（2019）8月から「**たけびしスタジアム京都**」の呼称を用いている。

　西京極総合運動公園は、昭和天皇のご成婚を祝い昭和5年に着工され、陸上競技場兼球技場は昭和17年に開場した。現在のトラックは400メートル×9レーン。スタンドは2万688人を収容する。ラグビーやアメフト、サッカーなどの公式戦会場としても使われる。Jリーグ京都パープルサンガ（現・京都サンガF.C.）は平成6年（1994）から令和元年まで、ホームスタジアムとしていた。令和2年2月から大規模改修工事が行われ、トラックの舗装などが一新された。

3級

2級

1級

**78 解答**
ウ たけびしスタジアム京都

**問79**

大正4年（1915）に、あるスポーツのチームが日本で初めて誕生し、三条通にある京都YMCAにそれを示すモニュメントがある。そのスポーツは何か。

⑦ バスケットボール　　　④ ハンドボール
⑨ ラグビー　　　　　　　② ソフトボール

　京都YMCA三条本館前には石柱型のモニュメントが立ち＝写真＝、次のように書かれている。「佐藤金一氏とF・H・ブラウン氏によって**バスケットボール**の歴史がこの地で始まる」。

　バスケットボールは、カナダ出身のYMCA体育教官、ジェームズ・ネイスミスによって明治24年（1891）に考案された。これを来日した北米YMCAのF・H・ブラウンが京都や大阪のYMCAに紹介した。佐藤金一は15歳で米国に渡ってウィスコンシン大学に進み、バスケットボール部で活躍した。帰国後、京都一中（現・洛北高等学校）の英語教諭などを務める傍ら、京都YMCAの体育館で若者たちにバスケットボールを指導。大正4年（1915）にはチームを結成した。これが日本のバスケットボール競技の始まりとされる。佐藤は2年後、極東選手権大会にチームを導くなど競技普及

と選手育成に努めた。モニュメントは、日本初のチーム結成100年目を記念して平成26年（2014）、京都バスケットボール協会などが建てた。

**79 解答**
⑦ バスケットボール

**8 【公開テーマ問題】** 京都のスポーツ文化に関する記述について、最も適当なものを⑦〜⑤から選びなさい。

**問 80**

甲子園春夏通算75回の出場を誇り、夏の第100回記念大会で通算100勝を達成した学校はどこか。

⑦ 京都外大西高等学校　　　⑥ 京都成章高等学校

⑨ 福知山成美高等学校　　　⑤ 龍谷大学付属平安高等学校

　高校野球の甲子園大会春夏通算で100勝以上を挙げているのは令和2年（2020）末現在で、**龍谷大付属平安高等学校**（103勝71敗1分）と中京大付属中京高等学校（133勝47敗）の2校だけ。龍谷大平安は平成30年（2018）、第100回の夏大会1回戦で鳥取城北を3対2で下し、通算100勝目を飾った。

　甲子園には、平安中学校時代の昭和2年（1927）夏大会から出場。通算75回目の甲子園出場となった令和元年の春大会までに、4回の全国制覇（夏3回、春1回）を果たし、「古豪」の名にふさわしい戦績を残している。衣笠祥雄（広島）をはじめ近藤和彦（大洋）、桧山進次郎（阪神）ら、プロ野球に進んだチームOBも数多い。京都勢で龍谷大平安以外に優勝経験があるのは、昭和23年春の京都一商（現・西京高等学校）と、大正4年（1915）夏（第1回全国中等学校優勝野球大会）の京都二中（現・鳥羽高等学校）だけ。通算勝利数で龍谷大平安に次ぐのは、**京都外大西高等学校**（旧・京都西高等学校）の19勝15敗（いずれも令和2年現在）。

3級

2級

1級

**80 解答**
⑤ 龍谷大学付属平安高等学校

**9** 御霊信仰に関する記述について、（　　　）に入れる最も適当なものをア〜
エから選びなさい。(81)〜(90)

　古来、天変地異や疫病の流行などの天災が起こると、その
原因は恨みを現世に残したまま亡くなった人々の怨霊の祟り
であると考えられ、その霊を鎮めるために「御霊」として祀
り、平穏を祈願したのが御霊信仰である。祇園祭の発祥も御
霊会であり、貞観11年（869）に神泉苑で（　81　）本の矛
を立てて、疫病退散の神事を行ったのが最初とされ、昨年
（2019）は創始1150年を祝う奉祝行事も行われた。疫神の代
表格である（　82　）は、「蘇民将来」の説話では（　83　）
を蘇民将来に授けたとされていて、6月の夏越祓では多くの
神社で用意される。今年（2020）は新型コロナウイルス感染
症退散を願って、八坂神社（東山区）では臨時に設営された。
蘇民将来は八坂神社の摂社である（　84　）に祀られている。
　北野天満宮（上京区）の祭神である菅原道真も御霊の代表
格であり、その生涯と天神信仰について説いている「北野天
神縁起絵巻・承久本」（国宝）には、政敵の藤原時平のいる
（　85　）に落雷している様子が鮮やかに描かれている。
　保元の乱で敗れ、白峯神宮（上京区）に祭神として祀られ
ている（　86　）は、最も有名な御霊である。白峯神宮の境
内末社には、源為義・為朝父子を祭神とする（　87　）がある。
　八瀬にある崇道神社（左京区）は、死後「崇道天皇」と名
を送られた（　88　）を祭神としている。（　88　）は、藤
原種継の暗殺事件の首謀者とみなされ、長岡京市の（　89　）
に幽閉され、淡路に配流される途中に非業の最期を遂げた。
　他にも上御霊神社（上京区）や下御霊神社（中京区）など、
御霊を祀る神社は多く、上御霊神社の門前菓子である（　90　）
は、御霊会で厄除けの菓子として振舞われたのが起源である
と伝える。

(81) 　ア 十二　　　　　　イ 三十四
　　　ウ 六十六　　　　　エ 百八

(82) 　ア 火雷天神　　　　イ 牛頭天王
　　　ウ 吉備大臣　　　　エ 巨旦将来

(83) 　ア 茅の輪　　　　　イ 剣鉾
　　　ウ 懸想文　　　　　エ 火縄

(84) 　ア 悪王子社　　　　イ 美御前社
　　　ウ 疫神社　　　　　エ 又旅社

(85) 　ア 東三条殿　　　　イ 閑院
　　　ウ 西八条第　　　　エ 清涼殿

(86) 　ア 光仁天皇　　　　イ 後鳥羽天皇
　　　ウ 近衛天皇　　　　エ 崇徳天皇

(87) 　ア 疫社　　　　　　イ 伴氏社
　　　ウ 伴緒社　　　　　エ 印納社

(88) 　ア 早良親王　　　　イ 伊予親王
　　　ウ 他戸親王　　　　エ 大友皇子

(89) 　ア 粟生光明寺　　　イ 神足神社
　　　ウ 向日神社　　　　エ 乙訓寺

(90) 　ア 粽　　　　　　　イ 唐板
　　　ウ 水無月　　　　　エ 松風

3級

2級

1級

**(81) 解説**

『日本三代実録』貞観5年（863）5月20日条には、神泉苑で御霊会が行われた記録がある。崇道天皇（早良親王）、伊予親王、藤原吉子、橘逸勢、観察使（藤原仲成）、文室宮田麻呂を祀り、般若心経などの経典を説き、歌舞音曲が奉納されたとある。鎮魂された非業の死をとげた6柱の御霊は六所御霊と総称される。しかし、翌年には貞観の富士山噴火、その5年後には貞観三陸地震等が起き、全国的に災害が続いた。『祇園社本縁録』には、貞観11年6月14日神泉苑にて当時の国の数である**六十六**本の矛を立て、洛中の男児が祇園社より神輿を送り祀ったとある。これを祇園御霊会の起源としている。

81 解答　**ウ　六十六**

**(82) 解説**

十巻本『伊呂波字類抄』「諸社祇園」には「**牛頭天王**は、又の名を武塔天神という」とある。『釈日本紀』所「備後国風土記」逸文に、蘇民将来の説話がある。

南海を旅した武塔天神が宿を求めた。富栄えた弟・**巨旦将来**は貸さず、貧しい兄・蘇民将来は快くもてなした。武塔天神が再び来訪。お礼に茅の輪を与え疫病から救い、「我はハヤスサノオの神なり。後世に疫病流行すれば、蘇民将来之子孫といい、茅の輪をつければ免れる」と仰せられた。

平安時代に疫病をもたらし恐れられた八所御霊は、最初の御霊会で祀られた6柱の御霊に加えて、**吉備大臣、火雷天神**を加えたものである。

82 解答　**イ　牛頭天王**

**(83) 解説**

　茅の輪＝写真＝の起源は「蘇民将来伝説」で、八坂神社摂社・疫神社に伝承されている。**剣鉾**は御霊信仰の呪具で、氏子や鉾町等で護持されてきた。神泉苑御霊会の66本の剣鉾の役割は祇園祭の山鉾に継承され、神輿巡行路を祓い清め悪疫を鎮める。八坂神社「をけら詣り」では、大晦日に「をけら火」を火縄に移して持ち帰り、神棚に灯してお雑煮を煮る火種に用いる。かつて牛頭天王を祀っていた須賀神社は、明治

時代の廃仏棄釈までは西天王社であった。節分には、烏帽子水干姿の**懸想文**売りが出る。

　　　　　　　　　　83 解答　ア　茅の輪

**(84) 解説**

　疫神社＝写真＝では 7 月31日夏越祭に茅の輪がかかげられる。蘇民将来が素戔嗚尊をもてなした粟餅を供えて神事を行われ護符が授与される。**美御前社**は素戔嗚尊と天照大神の誓約で生まれた多岐理毘比売命、多岐津比売命、市杵島比売命を祀る。美容の神として芸舞妓や美容関係者の信仰が厚い。**悪王子社**は素戔嗚尊の荒魂を祀る。東洞院通四条下ル元悪王子町から転々とし、明治10年（1877）に境内に移った。境外末社・**又旅社**は別名を御供社といい、祇園祭の起源である貞

観の御霊会で祇園社の神輿を奉安した神泉苑南端にあたり、現在も還幸祭では 3 基の内の中御座神輿を奉安し、神饌が供えられる。

　　　　　　　　　　84 解答　ウ　疫神社

**(85) 解説**

　「清涼殿落雷」は国宝『北野天満宮縁起絵巻』承久本巻6第3段にある。鎌倉時代の作で現存する最古の絵巻で「根本縁起」と呼ばれてきた。絵図には天神の眷族である雷神が雷を落としている。時平死後のことだが、『日本紀略』延長8年（930）6月26日、**清涼殿**で会議が行われていた所に落雷。菅公左遷に関った藤原清貫が即死し、公卿や役人が巻き込まれ死傷者が出たという事件が記されている。**東三条殿**は藤原時平の死後、藤氏長者を継いだ弟・忠平の邸宅。**閑院**は平安初期には藤原冬嗣の邸で、里内裏にもなった。押小路通小川西北角に閑院址石碑がある。**西八条第**は平清盛の邸宅。

85 解答　**エ** 清涼殿

---

**(86) 解説**

　**崇徳天皇**（1119〜64）は、父・鳥羽上皇から譲位させられ、異母弟・**近衛天皇**が即位する悲運を味わう。崇徳上皇派と後白河天皇派が対立し、**保元の乱**（保元元年〈1156〉）が勃発。敗れた上皇は、配流先の讃岐で憤死し災いをなしたという。崩御後、陰謀や災害が続き、そして平治の乱が起こり乱世となる。**光仁天皇**の皇后・井上内親王（イガ〈カ〉ミナイシンノウとも）は、夫を呪詛した罪で暗殺され、八所御霊の1柱となる。**後鳥羽天皇**は後白河天皇の孫で、鎌倉幕府に兵を挙げた承久の乱（承久3年〈1221〉）の敗北で、配流先の隠岐で崩御した。

86 解答　**エ** 崇徳天皇

**(87) 解説**

　源 為義（1096〜56）・為朝（1139〜70）父子は、保元の乱にて崇徳上皇方について敗れた。後白河天皇方についた長男・義朝が、為義を助命願ったが斬首された。為義八男・為朝は、豊後国にて総追捕使と称し、鎮西八郎と名乗る。流罪先の伊豆大島で自害。父子は弓の名手で武運の神として**伴緒社**に祀られる。今宮神社の**疫社**は素戔嗚命を祀り、紫野御霊会が行われていた。北野天満宮境内摂社・**伴氏社**は、菅公の御母の忌命塔跡地にあり伴氏を祀る。石造五輪塔は隣接する東向観音寺にある。鳥居は京都三珍鳥居の一つ。賀茂御祖神社末社の**印納社**（インノウノヤシロとも）は、古い印章を納める社。

87 解答　ウ 伴緒社

**(88) 解説**

　**早良親王**は桓武天皇の同腹実弟である。憤死した後、安殿親王が病気になり、后妃や母が相次いで亡くなり、疫病流行など災難が続いた。早良親王の祟りとされ、平安時代初期最大の御霊として祀られた＝写真は崇道神社＝。**伊予親王**は桓武天皇第3皇子で、政治的能力に優れ帝の信頼も厚かった。藤原仲成の陰謀で反逆の疑いをかけられ、母・藤原吉子と共に川原寺に幽閉され服毒自殺を図った。**他戸親王**は光仁天皇

と井上内親王の皇子で皇太子。母が帝を呪詛した罪で廃皇后になったため皇太子を廃され、母子共に幽閉され同日に没した。**大友皇子**は天智天皇の皇子で、壬申の乱で叔父・大海人皇子に敗北し自害した。

88 解答　ア 早良親王

**(89) 解説**

　**乙訓寺**＝写真＝は、推古天皇の勅願で聖徳太子が開基。牡丹の寺で知られる。早良親王は無実を訴えここで断食したという。**粟生光明寺**（アオノコウミョウジとも）は西山浄土宗総本山。寺伝では建久9年（1198）に蓮生法師（熊谷直実）が建立。法然上人を開山第一世としている。**神足神社**は天武天皇の子・舎人親王を祀るといわれる。社伝に「桓武天皇が田村（神足の旧名）の池に天から神が降り立ち、南からくる悪霊を防いで下さった」という夢を見たので、太刀と絹を奉納

したという。**向日神社**は社伝では養老年間創建で、祭神は五穀豊穣の神・向日神と祈雨・鎮火の神・火雷大神、神武天皇、玉依姫命。

89 解答　**エ** 乙訓寺

**(90) 解説**

　**唐板**は、貞観5年（863）の疫病の流行に際し、時の清和天皇が行った神泉苑での御霊会において疫病除けの「唐板煎餅」として創製されたのが始まり。応仁・文明の乱により絶えたが、乱後、水田玉雲堂が再興し、御霊神社の境内で提供したところ名物となり、疫病除けの煎餅として知られるようになった。祇園祭の**粽**は厄病災難除のお守りで、玄関先に一年間飾る。お菓子の粽で有名なのは川端道喜。**水無月**は6月30日に食べる疫病除けの菓子。外郎などの上に小豆を乗せて三角に切ったもの。三角は氷室の氷を表し、小豆は魔除けである。織田信長の石山本願寺攻めのときに、寺では兵糧が不足した。このとき、菓子司・亀屋陸奥の主人が小麦粉と麦芽糖、白味噌をまぜて焼いた菓子を考案し、顕如上人と門徒に兵糧として届けたのが**松風**で上人が詠んだ歌から命名された。

90 解答　**イ** 唐板

問
91 呉服問屋が建ち並び、祇園祭では多くの山鉾が見ら
れる通りはどこか。

⑦ 室町通 　　　　　　　⑦ 夷川通
⑦ 二条通 　　　　　　　国 寺町通

　呉服問屋が立ち並び、祇園祭で山鉾の多くみられる通りは
「**室町通**」。平安京の南北に通る室町小路にあたり、現在は北
山通から南の十条通を下がった地点まで(東本願寺と京都駅
で途中分断される)の約8キロを指す。平安時代は室町小路
沿いに公家屋敷や役人の宿舎があった。末期には商工業の町
として発展。鎌倉時代から室町時代にかけては塩小路から八
条大路辺りに職人が住み、この辺りが商工業の中心になった。
室町幕府三代将軍義満が室町今出川付近に「花の御所」を築
き、室町通界隈は一層のにぎわいをみせた。しかし応仁・文
明の乱で荒廃。続く戦国時代は政局に翻弄されたが、江戸時
代に入ると繊維中心の商業地として繁栄していった。
　絹織物の一大産地・西陣が近くにあったこともあり、高級
品を扱う問屋が相次いで誕生して財を成し、平安の昔から続
く祇園祭の山鉾を町ごとに競うように出して町衆の意気込み
を見せ、現在に至る。
　**夷川通**は家具の町、**二条通**は薬問屋、**寺町通**は寺院が多く
ある通りとして知られる。

3
級

2
級

1
級

91 解答
⑦ 室町通

**問 92**

西陣に数多く住んでいた絹織物技術を持つ職工たちが室町時代に組織したのは何か。

ア 綿座 　　　　イ 大舎人座
ウ 同朋衆 　　　エ 二十軒組

　室町時代、西陣に住む絹織物技術を持つ職工たちが組織していたのは「**大舎人座**」。同業者組合のようなもので、朝廷の需要や公家や武家からの注文に組織として対応していた。平安京への遷都に伴い、朝廷は絹織物の職工たちを織部司の元に組織して高級織物を生産させていた。ところが平安時代中期以降は官営の織物が衰退していったため、職工自らが織物業を営むようになり、大舎人町（現在の猪熊通下長者町付近）に移り住んだとされ、室町時代に大舎人座を結成した。応仁・文明の乱で織物業は壊滅状態になったが、職工たちは新町通今出川上ル付近や西軍の本陣が置かれていた大宮通今出川付近で再開して大舎人座も復活させ、室町時代末期には、大舎人座などの職工が産出する絹織物が京都を代表する織物として高く評価されていった。

　**綿座**は、綿を販売した商人の同業者組織で、祇園八坂神社に属した綿本座などが有名。**同朋衆**は将軍の近くで雑務や芸能に携わった人たち。**二十軒組**は京都の呉服問屋の組織。

**92 解答**
**イ 大舎人座**

**10** 京都の繊維産業に関する記述について、最も適当なものを ア 〜 エ から選びなさい。

**問 93** 西陣織の業祖神を祀る織姫社が境内にあるところはどこか。

ア 今宮神社　　イ 蚕の社
ウ 笠原寺　　　エ 常照寺

北区紫野の**今宮神社**の本殿西側に西陣織の業祖神を祀る織姫社＝写真＝がある。祭神の栲幡千千姫命は、七夕伝説に登場する織姫に機織りを教えたといわれ、今も技芸上達を願う人たちから崇敬されている。応仁・文明の乱以降、西陣織の職工が集住した東西の本陣跡のあった町内に祀られていたが、江戸時代に入り、西陣の機織業者が今宮神社境内に移したと伝えられている。織姫社の本殿前には、織物を織る際に緯糸を通すのに使われる杼の形をした献灯碑がある。旧暦の７月７日に当たる８月７日頃には織姫社七夕祭が催され、応仁・文明の乱が終結した11月11日の「西陣の日」には、祖神に感謝を奉げ西陣の繁栄を願う奉祝祭が執り行われる。

**蚕の社**（右京区太秦）は、太秦地方の有力者だった秦氏ゆかりの神社で、本殿そばの摂社・蚕養神社がその名の由来。

**笠原寺**（山科区大宅）は川崎大師の京都別院で尼僧修行の寺。

**常照寺**（北区鷹峯）は吉野太夫ゆかりの寺。

93 解答
ア 今宮神社

**10** 京都の繊維産業に関する記述について、最も適当なものをア～エから選びなさい。

**問 94**

「糸で描く絵画」と呼ばれ、絹や麻の織物に絹糸、金糸、銀糸などを用い、能装束や婚礼衣裳にもその技法が活用され、平安時代の技を今に伝える伝統工芸は何か。

ア 京黒紋付染　　　イ 京繍
ウ 京小紋　　　　　エ 京鹿の子絞

　絹や麻の織物に絹糸、金糸、銀糸などを用いて模様を描き、「糸で描く絵画」と称されるのは「京繍」。日本では飛鳥時代、仏教と共に仏像や仏教的な教えを表現する繍仏の技法が伝わり、平安京遷都で刺繍職人を抱えた縫部司（織部司とも）が設置されたのが京都での始まりとされる。十二単に代表されるような貴族の衣装に華麗な刺繍が施され、武具などの装飾や能狂言の装束にも用いられるようになった。京繍は手作りの太さの違う針15種を糸の太さや生地を勘案して使い分ける。縫い方も現在約30種あり、伝統の技による緻密かつ優美な仕上りは追随を許さない。

　**京黒紋付染**は徹底的に黒にこだわった染め方で、**京小紋**は文様を小さくちりばめた型染め、**京鹿の子絞**は絹地の一部を糸で固く括って防染して地色を染める技法。

**94 解答**
**イ** 京繍

**問 95**

明治初期、西陣織発展の基礎となったジャカード機械織機を輸入した国はどこか。

⑦ アメリカ　　　　イ イギリス
ウ トルコ　　　　　囗 フランス

　西陣織は、明治時代、事実上の東京遷都によって高級織物の購買層が大幅に減ったことにより危機に直面した。このため新政府の産業保護奨励策に基づいて京都府による保護育成が図られた。その一環として明治5年（1872）、絹織物の一大産地である**フランス・リヨン**に佐倉常七、井上伊兵衛、吉田忠七を留学させ、先進技術を学ばせると共に紋紙を使う織機・ジャカード＝写真＝やバッタンなど多くの織機装置を輸入した。明治6年にはウイーン万国博覧会に政府から技術伝習生として派遣された伊達弥助は、ヨーロッパ各国の近代的な織物業を視察し、オーストリア式のジャカードを持ち帰った。

　西陣ではこうした洋式技術と織機を積極的に導入して近代化に成功。明治20年代には日本最大級の絹織物産地として再生した。西陣織は各地の博覧会で受賞を重ねるなど高い評価を受けて、さらに発展を遂げ、事実上の東京遷都で落ち込んだ京都を盛り上げる原動力の一つになった。

95 解答
囗 フランス

**問 96**

明治時代に、写し糊を用いる型友禅の技法を考案し、染物に変革をもたらした人物は誰か。

ア 吉田忠七　　イ 荒木小平
ウ 佐倉常七　　エ 広瀬治助

　明治時代、写し糊を用いる型友禅の技法を考案したのは**広瀬治助**（1822〜90）。広瀬は手描き友禅の匠として知られていたが、明治時代に入ると鮮やかな色を出す化学染料が輸入されるようになったことで、京都府が開設した舎密局に出入りして化学染料の使い方を学んだ。京都の染色業・堀川新三郎が毛織物のモスリン生地に型染する技法を考案したことに影響を受け、広瀬は従来の手描きではなく、模様をくり抜いた型紙と化学染料を混ぜた写し糊を使って染める「写し友禅」を開発した。型紙を用いて写し糊を生地に置き、蒸して染料を定着させた後、水洗いして糊を落とす技法で、これによって手描友禅に比べて工程が簡略化され、生産性が大幅に向上し、京友禅の大衆化に道を開いた。

　**佐倉常七**と井上伊兵衛は明治時代初期、京都府から派遣されフランス・リヨンから初めてジャカード織機を持ち帰った人物。**荒木小平**は半木製のジャカード織機を製作し、普及に貢献した。

96 解答
エ 広瀬治助

京都の繊維産業に関する記述について、最も適当なものをア～エから選びなさい。

問97

天保14年（1843）創業で、明治時代には室内装飾分野に進出し、現在は左京区静市にテキスタイルスクールや織物文化館を有する企業の創業者は誰か。

ア 伊吹平助　　　　　　　イ 喜多川平朗
ウ 川島甚兵衛　　　　　　エ 西村總左衛門

　現在の川島織物セルコンの創業者は、初代**川島甚兵衛**（1819～79）である。富山から京に出て呉服屋に奉公、のちに独立して呉服悉皆店を開いた。明治時代に入り、二代目甚兵衛は丹後縮緬に西陣織の技術を加味することを考案し、縮緬製織の工場を建設した。高級美術織物の製作に熱意を傾け、織物研究のため欧州を歴訪、フランスでゴブラン織に触発された。帰国後にカーテンなど室内装飾織物業に進出し、明治22年（1889）のパリ万博に出展作品が金賞を受賞した。国内外の宮殿に納めたほか、祇園祭・山鉾の見送などにも多く使われている。

　**喜多川平朗**（1898～1988）は西陣織の老舗俵屋の十七代目で染織工芸作家。古代絹織物である「羅」の復元と有職織物で人間国宝となった。**西村総左衛門**（1855～1935）は京友禅の老舗千切屋（現・千總）に養子に入り十二代当主、明治時代の変動の中でビロード友禅を創案し、困窮する日本画家に下絵の筆を取らせた。自身も下絵描きを学び、京友禅の再生に尽くした。

3級

2級

1級

97 解答
ウ 川島甚兵衛

京都の繊維産業に関する記述について、最も適当なものをア～エから選びなさい。

**問 98**

「きものの日」は、1964年に開催された東京オリンピックがきっかけとなって生まれ、京都でも着物にちなんだイベントが催される。その日はいつか。

ア 11月 1 日 　　　　　イ 11月 8 日
ウ 11月11日 　　　　　エ 11月15日

**11月15日**である。和装関連団体などでつくる全日本きもの振興会（下京区）が、11月15日の「七五三詣り」は家族そろって着物姿で—と願って提唱し、昭和41年（1966）から始まった。その 2 年前の東京オリンピックのときに日本を訪れた外国人から「民族衣装と思っていたのに、着物姿をほとんど見かけないのはなぜ」との声が上がったからだという。そこで毎年、この日に全国各地の業界団体などと連携し、着物のアピールするイベントを展開している。京都では関連団体の職員や企業の社員らが着物姿で仕事をしたり、店で接客したりして、着物の良さをPRしている。令和 2 年（2020）は初企画の「着物でまちあるき」に応募した若者ら 100人がカジュアルな着物をまとい、カップルは着物デートを楽しんでいた。ちなみに、経済産業省の年調査では、20～40代の女性の 8 割が着物を着た経験があると答え、これらの女性はこれからも着る意向が高い。

98 解答
エ 11月15日

**問 99**

17世紀以降の貴重な服飾資料1万3千点、文献資料2万点を所蔵し、コム・デ・ギャルソン、シャネル、ルイ・ヴィトンなど、世界的なメゾンからの寄贈品も収蔵するユニークな研究機関はどこか。

ア 京都服飾文化研究財団　　イ 京セラギャラリー
ウ 京都伝統工芸館　　　　　エ 京都染織文化協会

　昭和53年（1978）に創設された**京都服飾文化研究財団**（KCI）である。創設者は、女性用下着メーカー・株式会社ワコールの創立者であり当時の社長であった故・塚本幸一氏。日本が創造するファッションが真に世界をリードするためには、西洋衣装を体系的に収集、保存、研究、公開する機関が必要として設立され、今日では世界的なファッション研究機関となっている。

　**京セラギャラリー**は平成10年（1998）、京セラ株式会社が本社ビル1階に設立した美術館のこと。無料で鑑賞できる。

　**京都伝統工芸館**は平成15年設立。京都伝統工芸大学校生の作品を中心に、各工芸作品を展示。若手職人による実演も人気を呼んでいる。

　**京都染織文化協会**は、昭和初期に京都四大祭とうたわれた染織祭（センショクサイとも）の文化遺産を継承する公益社団法人である。

3級

2級

1級

**99 解答**
ア 京都服飾文化研究財団

**10** 京都の繊維産業に関する記述について、最も適当なものを ア〜エ から選びなさい。

**問 100**

着物をはじめ、風呂敷や髪飾り、人形などの和雑貨にも用いられ、今年（2020）創業300年を迎える、丹後地方がその代表的産地である織物は何か。

ア 羽二重（はぶたえ）　　　　イ 縮緬（ちりめん）

ウ 紬（つむぎ）　　　　　　　エ 絣（かすり）

　丹後地方が代表的産地の織物と言えば**縮緬**。「丹後ちりめん」＝写真 提供：丹後織物工業組合＝は令和2年（2020）に創業300年を迎えた。丹後地方で絹織物の生産が始まったのは1300年前の和銅年間（708〜15）で、丹後から朝廷に献上された「絁（あしぎぬ）」が奈良の正倉院に保存されている。縮緬を生産し始めたのは300年前で、享保5年（1720）に京都西陣で「ちりめん織」を学んでいた絹屋佐平治が丹後へ戻り、習得した技術を広めた。さらに翌々年には木綿屋六右衛門の援助のもと西陣にて奉公していた手米屋小右衛門と山本屋佐兵衛が技術を持ち帰って丹後で縮緬を織り始めた。地元では、この4人を「丹後ちりめんの始祖」と称している。

　「丹後ちりめん」は、撚（よ）りのない経糸（たていと）と1メートルあたり3000回ほどの撚りをかけた緯糸（よこいと）を交互に織り込み精練することで全面に凹凸の「シボ」が出るのが最大の特徴。**羽二重**は経糸を細い2本にして織る技法で、**紬**は手で紡いで撚りをかけて丈夫な糸に仕上げて織る。**絣**は前もって染め分けた糸で織り上げて文様を表す。

**100 解答**

**イ 縮緬**

# 1級

問題と解答例・解説
63問

■ 歴史・史跡について、次の問いに答えなさい。（1）〜（10）（2点×10問＝20点）

**問1** 清水寺の創建に尽力し、征夷大将軍として蝦夷征討に勲功を挙げ、「王城の守護神」と長くあがめられてきた人物は誰か。

**坂上田村麻呂**（さかのうえのたむらまろ）（758〜811）である。父は苅田麻呂（かりたまろ）、母は不明である。娘の春子は桓武天皇の後宮に入り、葛井（カドイとも）親王を産んでおり、蝦夷討伐に絶大な信頼を寄せていた桓武天皇とは近しい関係にあった。死後は立ったまま平安京の東に葬られた。田村麻呂は音羽山に狩猟に出かけた際、延鎮（えんちん）という僧に出会い、観音霊地での殺生を戒められた田村麻呂は深く寄依、十一面観音を本尊として寺を建てた。のちに寺は音羽の滝の清らかな流れから清水寺と名付けられた。

1 解答例　坂上田村麻呂

**問2** 応徳3年（1086）、白河上皇は洛南・鳥羽の地に壮麗な殿舎を持つ離宮を造営した。この土地は貴族から寄進を受けたものだが、その貴族とは誰か。

　白河天皇は応徳3年11月に堀河天皇に譲位し、上皇として院政を開始する。その拠点となったのが鳥羽殿で、備前守**藤原季綱**（ふじわらのすえつな）が寄進した鳥羽山荘を含む百余町の広さがあった。その造営は五畿七道六十余州に課役された。「都遷りが如し」といわれたように近臣や公卿、侍臣、地下雑人まで家地を賜った。季綱は漢詩人で、父は実範、母は高階業敏の娘。文章生から春宮大進、備前守、越後守、大学頭などを歴任した。

2 解答例　藤原季綱

問
3

鳥羽法皇の崩御後、崇徳上皇方と後白河天皇方に分かれて争われた戦乱は何か。

　**保元の乱**である。鳥羽法皇崩御ののち、皇位を巡り崇徳上皇と後白河天皇が、摂関家の内紛から藤原頼長と忠通が対立した。崇徳上皇方に源為義、平忠正が、後白河方には源義朝と平清盛がつき、京都で戦乱が起こった。結果は崇徳上皇方が敗北し、上皇は讃岐に流された。源義朝は父為義と弟たちを、清盛は叔父の忠正を処刑した。薬子の変以来廃止されていた死刑の復活である。『愚管抄』で慈円が評した通り、武士の台頭を招く結果となった。

3　解答例　保元の乱

問
4

天龍寺の創建以前にその地に離宮を営んだ天皇で、子の代で皇統が持明院統・大覚寺統（後の南北朝）に分かれるきっかけになった人物は誰か。

　**後嵯峨天皇**（1220～72）は第八十八代天皇で、土御門天皇第三皇子。母は源通子。名は邦仁。承久の乱の前年に生まれた。四条天皇没後に鎌倉の北条泰時に擁立されて即位。祖父後鳥羽天皇に謚号を送り、父・土御門天皇の菩提を弔う。寛元4年（1246）、後深草天皇に譲位し、後深草、亀山天皇二代の間、26年間の院政をしいた（27年とも）。後深草天皇の皇子ではなく亀山天皇の皇子を皇太子に立てたことから、持明院統と大覚寺統に分かれるきっかけを作った。

4　解答例　後嵯峨天皇

3級

2級

1級

205

**問5**

永禄8年(1565)、三好義継・三好三人衆・松永久通に襲撃され、殺害された室町幕府十三代将軍は誰か。

室町幕府十三代将軍は**足利義輝**（初名は義藤）である。十二代将軍義晴の子であり、幕府の実権を握っていた管領細川晴元や三好長慶との対立によってしばしば京都を追われた。長慶との和睦がなって帰京してからは、各地の大名の紛争調停にあたるなど将軍権力の復活に努めた。永禄8年（1565）、三好氏重臣の三好三人衆（三好長逸・三好政康〈政勝、政生とも。出家して釣竿斎宗渭〉・岩成友通）や松永久通によって居所としていた二条御所（上京区室町通樹木町上ル武衛陣町）を攻められて殺害された。

5 解答例　足利義輝

**問6**

豊臣秀吉が生涯で最後に築城した京都新城の遺構が今年（2020）初めて出土したが、その場所は京都御苑内のどこか。

豊臣秀吉が最晩年に築いた京都新城は、現在の京都御苑の**京都仙洞御所**を中心とした付近に存在した＝写真は京都仙洞御所・南池＝。この城は「秀頼卿御城」と呼ばれたように、秀吉が自分の死後に子の秀頼の居城とするためのものであった。しかし秀吉は死の直前にこの構想を撤回し、秀頼は大坂城を居城とすることになった。こうして京都新城は廃され、敷地は分割されてその主要部は秀吉の正室である高台院（ねね）の邸宅となる。

6 解答例　京都仙洞御所

**1** 歴史・史跡について、次の問いに答えなさい。

**問7**

関ヶ原の戦いを制した徳川家康は慶長6年（1601）、伏見に銀貨の鋳造所である銀座を設けた。ここで鋳造を受け持った人物は誰か。

　関ヶ原の戦いを制し「天下」を視野に入れた徳川家康は、慶長6年（1601）、伏見城下に貨幣鋳造所として伏見銀座を設立。堺から銀吹き職人の湯浅作兵衛を呼び寄せ、**大黒常是**の名を与えて鋳造責任者に任じた。以後、この職は世襲で、

代々の常是がその任にあたった。京における銀座はこの後、慶長13年に烏丸と室町の中間、二条から三条までの4町を拝領して新たな鋳造所を設立して移転、この地が両替町と呼ばれるようになった＝写真は跡碑＝。

7 解答例　大黒常是

3級

2級

1級

**問8**

文久2年（1862）に起こった寺田屋事件（寺田屋騒動）で、鎮圧部隊の道島五郎兵衛を壁に押し付けたまま同志に刺すように命じ、ともに命を落としたとされる薩摩藩尊王攘夷派のリーダーは誰か。

　幕府の政治改革を求め、薩摩藩主の父・島津久光が、率兵して京都に立ち寄った。同時期、長州、薩摩などの有志が要人暗殺などを企てていた。孝明天皇は久光に浪士鎮撫の内勅を与える。久光は伏見の寺田屋にいた家臣**有馬新七**ら参加者を制止するため、道島五郎兵衛らを派遣したが拒否されたため戦闘となる。有馬は道島を壁に押し付け、仲間の橋口吉之丞に「おい（俺）ごと刺せ」と求め、そのまま刺殺されたという。

8 解答例　有馬新七

歴史・史跡について、次の問いに答えなさい。

**問 9**　琵琶湖疏水の扁額の文字で「隨山到水源」を揮毫した、初代海軍大臣を務めた人物は誰か。

　**西郷従道**（ジュウドウとも）（1843～1902）である。琵琶湖第一疏水のトンネル3本の出入口6カ所には、疏水建造に関わった有力者の揮毫による扁額が掲げられている。西郷隆盛の弟である従道の扁額は第二トンネル西口にあり＝写真＝、揮毫の意味は「山に沿って行くと水源にたどり着く」である。

京都府第三代知事の北垣国道が疏水起工伺を内務、大蔵、農商務各省に出願した際、当時、農商務卿であった従道は後ろ盾となった。後に内務卿になり、琵琶湖疏水の実現を支えた。

9 解答例　西郷従道

**問 10**　『平安通志』60巻の編纂事業に携わった平安京の復元研究で知られる歴史家で、相国寺の近くにその住居が残る人物は誰か。

　**湯本文彦**（1843～1921）である。鳥取藩士の家に生まれ、藩校で水戸学の影響を受けた。明治20年（1887）に京都府の職員に招かれ、同28年の平安遷都千百年記念祭に向け、「平安通志」の編纂を発議した。日本初の自治体史で、湯本を中心に京都の碩学らが携わった。その編纂の中で平安京域を文献と実測から推定するなど、京都の歴史研究の先がけを担った。明治時代の自邸は京都市の「京都を彩る建物や庭園」に認定された。

10 解答例　湯本文彦

問
11
　伏見稲荷大社を創建したとされる人物は誰か。

　『山城国風土記』には、秦伊呂具の逸話がある。「稲穂を積んで富栄え、餅を的にすると、白鳥となり飛び去り、山の峯におり、稲が生えた。伊奈利を社の名前にした」とある。伏見稲荷大社社家・大西家の『稲荷社社家系図秦氏』（西大西）では、伊呂具は賀茂建角身命24世賀茂久治良の末子、つまり賀茂氏の出身で、和銅4年（711）2月初午のときに禰宜となるとある。社ではこの日を稲荷大神が鎮座した初午大祭とし、多くの参拝者がある。社がある深草は、大陸から渡来した秦氏の拠点のうちの一つだったと伝わる。

11 解答例　秦伊呂具

問
12
　足利尊氏が元弘3年（1333）に鎌倉幕府討幕を祈願し、挙兵した亀岡市の神社はどこか。

　篠村八幡宮＝写真＝は、社伝では延久3年（1071）の創建で、源頼義が河内国・誉田八幡宮（大阪府羽曳野市）から勧請したと伝えられる。元弘3年（1333）、後醍醐天皇の追討を命じられた足利高氏（尊氏）が、天皇方に転じて倒幕の旗を揚げた挙兵の地として知られ、高氏が八幡宮に戦勝を祈願した願文（京都府指定文化財）や、高氏に倣って武将たちが神前に供えて一山になった矢を埋納した「矢塚」、丹波地域

の武将に高氏の本営所在地を明示するために足利家の旗を掲げた「旗立楊」（いずれも亀岡市指定史蹟）が境内に残る。

12 解答例　篠村八幡宮

**問 13** 文久2年（1862）の創建で孝明天皇の勅願所となり、参道入口に逆立ちしている備前焼の狛犬がある神社はどこか。

　吉田山にある**宗忠神社**の祭神は天照大御神と宗忠大明神である。安政3年（1856）には、吉田神社から「宗忠大明神」の神号が下賜され、黒住教の教祖である黒住宗忠を祀ってきた。宗忠は備前岡山藩の守護社・今村宮の神官で、文化11年（1814）に黒住教を開き、幕末三大新宗教で教派神道（神道十三派）の草分けとなった。孝明天皇をはじめ、二條家、九條家など公家の信仰を集めた。

13 解答例　宗忠神社

**問 14** 本願寺の始まりである大谷廟堂を建立した親鸞の末娘は誰か。

　親鸞の墓所である大谷廟堂は文永9年（1272）、末娘の**覚信尼**により建立された。親鸞は弘長2年（1262）に没し、洛東の鳥辺野北辺に埋葬されたが、東国にいた親鸞の弟子たちの協力を得て、覚信尼が吉水北辺の地（現在の東山区林下町付近）に改葬、廟堂とした。廟堂建立後はその留守職を務めた。同職は後、覚信尼の子孫が受け継ぎ、元亨元年（1321）に寺院化されて、現在の本願寺の基礎が築かれた。

14 解答例　覚信尼

問
15

「美濃一国譲り状」と呼ばれる斎藤道三の遺言状と
伝わるものがある寺はどこか。

　長良川の戦いで長子・義龍に討たれた斎藤道三が、死地に
赴く間際に記した遺言状で、娘婿の織田信長に自身の領国を
委ねるとする内容から「美濃一国譲り状」と称される文書が
残るのは日蓮宗寺院の**妙覚寺**。若き日の道三が同寺で得度出
家したと伝わるなど関係は深く、道三の息子の一人は同寺で
修行し、日饒を名乗って十九世住職となった。信長も京に滞
在の折は常に妙覚寺を宿所とし、訪れたのは生涯に18回。本
能寺には3回目の投宿で最期となった。

15 解答例　妙覚寺

問
16

千利休を祖とする茶道家元の三千家（表千家・裏千
家・武者小路千家）の菩提寺である大徳寺の塔頭は
どこか。

　**聚光院**は、もともとは三好義継が父・長慶の菩提を弔うた
めに、笑嶺宗訴を迎えて創建した塔頭で、本坊庫裏の西に所
在する。利休は開山の笑嶺に帰依し、何度も参禅したことか
ら墓もそこに設けた。石造の宝塔を転用した墓の火袋の内側
には利休夫妻の名が記される。そんな利休の墓標を中央にし
て、周囲に表、裏そして武者小路の三千家の墓石が配されて
いる。ちなみに方丈は開創時のもの。また閑隠席と枡床席を
屋内にもつ書院が残る。

16 解答例　聚光院

3級

2級

1級

2 神社・寺院について、次の問いに答えなさい。

問 17

京田辺市にある、実際に千本の手を持つ千手観音像を本尊とする寺院はどこか。

千手観音像＝写真＝を所蔵するのは京田辺市三山木にある**寿宝寺**である。創建は慶雲元年（704）と伝えられる古刹。木津川の氾濫などで幾度も被災、江戸時代に現在地に移ったという。千手観音はヒノキの一木造、像高169.1センチの立

像。12世紀、平安時代の作。左右に500本、実際に千本の手をそなえ、頭上に化仏をいただいた十一面千手の観音立像。唇にうっすら紅がさされている。奈良の唐招提寺、大阪の葛井寺（ふじいでら）と並んで、千本の手を持つ千手観音の三大傑作とされる。重文。

**17 解答例　寿宝寺**

問 18

幕末の女流歌人大田垣蓮月が晩年隠棲したことで知られ、京都三弘法の一つに数えられる寺院はどこか。

「西賀茂の弘法さん」として親しまれる真言宗の寺、**神光院**（じんこういん）である。創建は建保5年（1217）。こちらは、弘法さんの日である7月21日と土用の丑の日に行われるきゅうり封じの寺としても名高い。また歌人であり、「蓮月焼」の陶芸家でもあった大田垣蓮月（おおたがきれんげつ）が、幕末から維新にかけての10年間、境内に建つ茶所に隠棲し亡くなった。「屋越し蓮月」の名があるほどに屋移りを繰り返した蓮月尼の終（つい）の棲家（すみか）となった。なお、京都三弘法には、ほかに東寺と仁和寺（にんなじ）が含まれる。

**18 解答例　神光院**

2 神社・寺院について、次の問いに答えなさい。

問<br>19 上京区の尼門跡寺院、三時知恩寺の通称名は何か。

　三時知恩寺は、同志社大学新町校舎の東側にひっそりとある。その通称は**入江御所**である。室町時代、北朝三代崇光天皇の御所であった入江殿を、北朝四代後光厳天皇の皇女・見子内親王が譲り受け、尼寺に改めたことによる。三時知恩寺の寺名は、宮中で行われていた六時勤行（1日6回の念仏読経）のうち、晨朝・日中・日没の三時（3回）の勤行はこの寺で行うようにとの勅命によって名付けられた。御殿を賜ったという書院には、円山応挙の襖絵「鳧漁図」や「源氏物語図」の扇面を貼りつけた見事な襖が残る。

19 解答例　入江御所

問<br>20 法然の高弟証空が念仏の道場として再興し、背後の山並が仏器の形に似ていることから寺名を改めた西京区の寺院はどこか。

　**三鈷寺**＝写真＝は承保元年（1074）に善峯寺開山の源算が結んだ草庵・往生院を起源とし、法然の高弟・証空が引き継いだ後、背後の山容が仏具の三鈷杵を思わせることから現在の名に改められ、念仏道場として栄えた。善峯寺に隣接する山中にあり、東山や京都市街を一望する絶景地であることから「天空の寺」の名も。昭和26

年（1951）に西山宗本山として独立し、天台・真言・律・浄土4宗の兼学道場として今に至る。

20 解答例　三鈷寺

3 建築・庭園・美術について、次の問いに答えなさい。(21)～(30)
　（2点×10問＝20点）

**問21** 京町家では、おくどさん（カマド）の上部は防火と煙を上に逃がすため、天井を張らずに吹き抜けにするが、この空間は何と呼ばれるか。

　京町家の玄関から裏口に通じる「通り庭」には、おくどさん（カマド）など炊事場のある「走り庭」が設けられている。この上部空間が**火袋**（ひぶくろ）＝イラスト＝で、天井のない吹き抜けになっており、屋根付近に天窓がある造りが多い。炊事の際の

煙や熱を逃がす役割を果たし、万一、火が出た場合もこの空間に炎を閉じ込めて延焼を最小限に抑える機能も備える。火袋に組み上げられた大小の梁の造形が美しい。

**21 解答例　火袋**

**問22** 喫茶店として初めてその建物が国の登録有形文化財になった店の名称は何か。

　下京区西木屋町通四条下ルの「**フランソア喫茶室**」である。故立野正一が昭和9年（1934）に名曲を聞かせる喫茶店として始めた。木造2階建ての伝統的な長屋だったが、昭和16年に洋風に改築。北半分が平成15年（2003）に国の登録有形文化財に指定された。設計は京都大学に留学していたイタリア人。戦時中は反ファシズムの新聞「土曜日」の拠点ともなった。戦後は桑原武夫ら知識人が集い議論を交わすサロンとして親しまれた。

**22 解答例　フランソア喫茶室**

問<br>23

明治12年（1879）に建てられた擬洋風建築の校舎がある、西本願寺の学寮がルーツの大学の名称は何か。

　**龍谷大学**である。江戸時代初期の寛永16年（1639）に西本願寺境内に建てられた学寮に始まり、日本有数の古い歴史を誇る。明治12年（1879）に西本願寺近くに建てられたのが現在の大宮学舎＝写真＝で、擬洋風建築の代表的な作品といえる。本館と南黌、旧守衛所、北黌、正門は重文に指定されている。西本願寺に関係する大工が建築を手がけ、和洋混交の

巧みがみられる。建物は木造骨組みに石貼り、金具は仏教的な意匠、天井は金襴織で装飾され、独特の美しさを醸し出している。

23 解答例　龍谷大学

問<br>24

明治時代、薩摩出身の実業家・伊集院兼常の別荘として造営され、その後、市田弥一郎が譲り受けた際に七代目小川治兵衛によって庭園を改修、現在は国の名勝に指定されているところはどこか。

　南禅寺金地院の西隣に位置する**對龍山荘**庭園は、伊集院時代に築造され、明治35（1902）〜38年に七代目小川治兵衛が大改修して現在の姿となった。建物の東に広がる庭園は、南部が流れを主体とした庭で、低い築山や緩やかな起伏の芝生の間を流れが下る。北部は大池を中心とする庭で、大池は對龍台からの景色を意識したもので東山を望む。両庭を結ぶ流れには流れ蹲踞があり、その西に茶室がある。

24 解答例　對龍山荘

3級　2級　1級

**問25** 重森三玲がキリシタン大名・大友宗麟にちなみ、十字架をイメージして作庭した庭園がある大徳寺の塔頭はどこか。

　大徳寺の塔頭である**瑞峯院**には、重森三玲の作庭した二つの庭がある。そのうち、方丈の北にある閑眠庭は、瑞峯院の開基・大友宗麟がキリシタン大名といわれていることから十字の石庭をテーマにしたという。

　方丈南の独坐庭は禅語「独坐大雄峯」から、巨石による蓬莱山と出島を造り、白砂の海波で構成した庭である。

**25 解答例　瑞峯院**

**問26** 後水尾天皇の幡枝御所であった圓通寺の枯山水庭園で、借景としている山は何か。

　圓通寺庭園が借景としているのは**比叡山**である。天明7年（1787）秋に刊行された『拾遺都名所図会』には、「此地の庭造小堀遠州の好にして、東の方より比叡山を庭中へ採、奇景真妙にして、盤陀石といふ名石あり」とある。

　借景とは、庭園の視界に入る敷地外の景観を、単なる庭園の背景としてではなく、庭園の重要な構成要素の一つとしてとらえて生かすことをいう。

**26 解答例　比叡山**

**問27** 高山寺が所蔵する国宝の肖像画で、樹の上で座禅をしている姿で描かれている人物は誰か。

　華厳宗の中興者で高山寺を再興した**明恵**（1173～1232）である。紀州に生まれ、高雄山の文覚について華厳・密教を学ぶ。インド渡航を志したが果たせず、栄西からは禅を学んだ。後鳥羽上皇から栂尾山を賜り高山寺を再興した。国宝の肖像画「明恵上人樹上坐禅像」は鎌倉時代初期の作で上人に親近した弟子の成忍が描いたとされる。常住的に裏山に入り樹上で座禅、瞑想していたという明恵上人の高潔な人柄を、簡潔巧みな面貌表現や樹枝に遊ぶ小動物と対話するような明朗な気配と共に描き出した傑作。

**27 解答例　明恵**

**問28** 室町前期の足利義持の時代に画僧として名をはせ、代表作として東福寺の大涅槃図などがある人物は誰か。

　室町時代初期の東福寺の画僧・**明兆**（1352～1431）がその人。淡路島の出身。東福寺では仏殿の管理や荘厳にあたる殿司の役僧を務めながら、本山の儀式などに用いられる仏画や頂相（高僧の肖像画）、道釈画などを多く描いた。宋元の画法を習得し、力強い墨線と濃密な彩色の特色ある作風で知られ、軽妙な筆致の水墨画も描いた。代表作には毎年3月の涅槃会に東福寺法堂に飾られる縦約12メートル、横約6メートルの「大涅槃図」（現在は修復中）をはじめ「五百羅漢図」、東福寺開山を描いた「聖一国師岩上像」などがある。

**28 解答例　明兆**

3級

2級

1級

**問29** 法金剛院の阿弥陀如来坐像が今年（2020）、新たに国宝に指定された。それを造った仏師は誰か。

　法金剛院の本尊・阿弥陀如来坐像は大治5年（1130）、平安時代後期の仏師、院覚の作とされる。院覚は、院政期の大仏師、定朝の3代後にあたる院派を代表する仏師のひとり。木造、漆箔、像高約224センチの阿弥陀如来坐像は、平等院、法界寺の阿弥陀如来坐像と共に定朝の「三阿弥陀」と称されたというように、穏やかで優しい面立ちと整った衣模様など典型的な定朝様を示しており、平安時代末期の代表的な仏像。従来は重文指定だったが、令和2年（2020）春に国宝に指定された。

**29 解答例　院覚**

**問30** 京都府画学校の出身で、「班猫」や「アレタ立に」などの作品で知られ、第1回文化勲章を受章した京都画壇を代表する画家は誰か。

　第1回文化勲章を受章した京都の日本画家は竹内栖鳳（1864〜1942）。中京区出身。日本画家の幸野楳嶺に入門、京都府画学校でも幅広く学んだ。青年画家として将来を嘱望され、パリ万博を視察派遣の際に西洋を巡遊。帰国後、西洋画の長所を取り入れて日本画の近代化の道筋を示す代表作を精力的に発表。京都画壇のリーダーとして上村松園や小野竹喬ら栖鳳後に文化勲章受章者となる後進を数多く育てた。

**30 解答例　竹内栖鳳**

芸術・文化、生活・行事について、次の問いに答えなさい。(31)～(40)
（2点×10問＝20点）

**問 31**　京都の経済産業大臣指定伝統的工芸品で、友禅型染めの技法と同じく、小さな紋様を一色で型染めし、防染糊を置いたあと引染めするのが特色の染織技法は何か。

　日本に古代からある型染技法の一つで、細かい文様を型染めし、防染糊を置いた後に引染めをする技法は**京小紋**＝写真＝。みやびできらびやかな京友禅と影響し合いながら発展してきた。江戸時代には小紋の麻裃（かみしも）が武士の正装になったことで、

おしゃれで粋な文様として町民の間にも徐々に広まっていった。抽象的で単色の柄が多い江戸小紋に比べて、京小紋は具象的な柄が多く、多色染めの見た目がはんなりとしたものが多い。

**31 解答例　京小紋**

**問 32**　本阿弥光悦、近衛信尹とともに「寛永の三筆」として並び称される江戸初期の文化人で、石清水八幡宮にもゆかりがある人物は誰か。

　石清水八幡宮滝本坊の住職だった**松花堂昭乗**（しょうかどうしょうじょう）（1584～1639）は、堺の生まれで俗名は中沼式部。真言密教を修め阿闍梨法印の位にあった。烏丸光広、林羅山ら当代の公家、学者、茶人らと広く交流。書画と茶道のほか和歌、連歌にも秀でた。寛永14年（1637）、坊の南に隠居所を営み松花堂と号した。絵は枯淡の水墨画を得意とし、書は青蓮院流、大師流を学んで松花堂流の祖となった。

**32 解答例　松花堂昭乗**

3級

2級

1級

問
**33**

お茶屋の代表的な遊びのひとつに、三竦みのジャンケンで勝ち負けを競う「拳」がある。浄瑠璃の『国性爺合戦』にちなむ拳は何か。

「拳<sub>けん</sub>」とはお座敷を盛り上げるお茶屋遊びの一つ。ジャンケンを取り入れた余興で、いろいろなバリエーションがある。例えば「**虎拳<sub>とらけん</sub>**」は、近松門左衛門の浄瑠璃『国性爺合戦<sub>こくせんやかっせん</sub>』ゆかりの内容で、三味線や太鼓のお囃子もにぎやかに、芝居に登場する和藤内、老母、虎の三者の役を、芸妓や舞妓と共に客も扮して「三竦<sub>すく</sub>み」のジャンケンをして勝負するというもの。負ければペナルティがある。

**33 解答例　虎拳**

問
**34**

千本閻魔堂の大念仏狂言を始めたとされる人物は誰か。

千本閻魔堂＝写真＝は、高さ約2.4メートルの本尊・閻魔法王坐像を安置する引接寺<sub>いんじょうじ</sub>の通称名で、平安時代の寛仁元年（1017）に、**定覚<sub>じょうかく</sub>**（生没年不明）が開いた。

定覚は、延暦寺の恵心僧都・源信の門弟といわれ、布教の手段として大念仏狂言を始めたとされる。京都三大念仏狂言の一つに数えられる。ほかの狂言が無言劇なのに対し、ほと

んどの演目にせりふが入るのが特徴。現在は保存会が継承して毎年5月1〜4日に演じられる。京都市の無形民俗文化財。

**34 解答例　定覚**

4 芸術・文化、生活・行事について、次の問いに答えなさい。

問
35

全山に灯明を灯し、参列者が灯明を持って本尊に世界の救済を祈念する鞍馬寺の行事は何か。

　鞍馬寺では「5月の満月の夜は天から強いエネルギーが降り注ぐ」という信仰に基づき、当日に清水を供えて全ての目覚めと平安を祈る秘儀が執行されていた。戦後、これが「五月満月祭（エサクサイ）」として広く一般に公開されるようになった。祭では参拝者が、護法魔王尊など本殿金堂に安置する三身一体の尊天に灯明を捧げ、清水を受けて人類の平安や共生を祈る。東南アジアの仏教国やヒマラヤ地域では現在も釈尊の徳を称える同様の「ウエサク」の祭りが行われている。

**35 解答例　五月満月祭**

問
36

京ことばで「イタオミキ」は何のことか。

　「イタオミキ」とは、イタのオミキ、すなわち板状になった御神酒（おみき）という意味で、京都では**酒粕**のことをこのように言う。酒どころ伏見をかかえる京都では酒造りの季節となれば、各酒蔵から芳醇な酒粕が市中に出回る。このような酒粕は新鮮で、豊かな香りに満ちて、「イタオミキ」と敬いたくなるのであろう。

**36 解答例　酒粕**

3級

2級

1級

4 芸術・文化、生活・行事について、次の問いに答えなさい。

問37 在原業平の命日である5月28日に十輪寺では業平忌が行われ、復元された塩竃で塩が焼かれるが、その行事のもとになった故事で業平が思いを託したかつての恋人は誰か。

　二条后とは、藤原北家繁栄の基礎を築いた左大臣藤原冬嗣の長男・藤原長良の娘・藤原高子（フジワラノコウシとも）である。貞観元年（859）に清和天皇の即位に伴う大嘗祭で、五節舞姫を務め従五位に叙され清和天皇の妃候補となる。帝が元服した後の貞観8年女御として入内、貞観10年貞明親王、後の陽成天皇を産む。高子が出仕する以前に、在原業平と関係があり『伊勢物語』などに反映されている。

37 解答例　二条后

問38 おもに洛北の農家の女性が「野菜どうどすえ、おいしおすえ」の呼び声で、大八車で朝採りの野菜を積んで売りにきていたことを何というか。

　これを振り売りという。大八車に朝採りの京野菜を積んで、という姿はさすが見られなくなったが、現在では車を軽トラックに代えて、しっかりと続いている。やはり洛北方面の農家の女性が多く、「野菜どうどすえ、おいしおすえ」の呼び声も、姉さんかぶりやもんぺ姿も健在だったりする。

38 解答例　振り売り

問
39

僧侶が北野で辻説法をする時、炒った黒豆に乾燥させた大根の葉をかけ、聴衆にふるまったのがはじまりという豆菓子は何か。

　天台真盛宗の開祖である真盛上人（慈摂大師）は、乾燥した大根の葉と塩をまぶした炒り豆を考案し、説法の折に聴衆に施した。豆はやがて「**真盛豆**」と呼ばれるようになる＝イラスト＝。その製法は上人の弟子の西方尼寺の尼僧に伝授された。天正15年（1587）の北野大茶会のときには、真盛豆を

食べた豊臣秀吉が「茶味に適す」と褒め、細川幽斎は「苔むす豆」とたたえたという。現在、金谷正廣が京銘菓「真盛豆」として製菓する。

**39 解答例　真盛豆**

問
40

下京区にある民家の敷地内に『源氏物語』に登場する女性のものと伝わる墓があり、その人物が由来となっている町名は何か。

　『源氏物語』夕顔の巻では、光源氏が五条辺りの夕顔という女性と恋におち、某の院に誘うが、六条御息所の生霊が夕顔を取り殺す。某の院は、光源氏のモデルの一人といわれる源融の河原院と推測されている。夕顔の墓は、下京区堺町通高辻下ル**夕顔町**の旧家の坪庭にある石塔と伝わる。家の前に「源語傳説五條邊　夕顔之墓」という石碑がある。夕顔の命日、9月16日には町内で夕顔忌が行われている。

**40 解答例　夕顔町**

3級

2級

1級

　京都は東に鴨川、西に桂川を擁して、下流で桂川に鴨川が合流し、さらに下流の三川合流点で宇治川と（　41　）川が合流して淀川となる。その他に大小さまざまな川が市内に流れている。

　比叡山と如意ヶ嶽の山麓付近に源を発する白川は、おおむね東山区を流れて鴨川に注いでいる。観光地を流れる風光明媚な景観はとりわけ親しまれており、祇園のあたりはお茶屋の間を流れ、6月に祇園放生会が行われる（　42　）橋付近は観光地として著名である。上流の北白川の一帯は「白川石」と呼ばれる良質な花崗岩が切り出され、京石工芸品にかかせない。（　43　）の参道にかかる萬世橋は明治27（1894）の架橋で、その加工技術の粋を見ることのできる石橋である。

　高瀬川は、江戸初期に角倉了以とその子（　44　）によって、京都の中心部と伏見の物流を結ぶために開削された運河である。また、了以は大堰川（保津川）の峡谷を通船できるように開削して水路を作り、丹波と京都を結ぶ工事も行った。かつての水運は、亀岡から嵐山までの観光用舟下り「保津川下り」となっていて、峡谷の美しさを楽しむことができる。嵐山の渡月橋は、求聞持法を修めて法輪寺に虚空蔵菩薩を安置したとされる（　45　）が、承和年間（834～48）に橋を架けたのが最初といわれている。

　堀川は、平安京造営時に運河として開削された川で、北山の木材資源の運搬や、貴族の屋敷の庭園などにも利用されていたといわれる。戦後の下水道の整備などによりほぼ水流は消滅していたが、平成時代に琵琶湖疏水から水流を引いて復活させる事業が行われた。一条戻橋の名は、浄蔵貴所が父である（　46　）の葬列にここで出くわし、棺にすがって泣き

崩れると、父が一時よみがえったことに由来するという。中立売通に架かる（　47　）橋は、明治6年（1873）の竣工で全国でも珍しい石造の真円アーチ橋で、土木学会より「選奨土木遺産」に認定されている。

　天神川は北区鷹峯に源を発し、北野天満宮の西を流れているが、この付近から上流を（　48　）川とよび、下流を天神川とよぶことが一般的である。その名称は平安時代の図書寮の別所（　48　）院に由来している。

　京都市域以外にも著名な橋がいくつもあるが、向日市と長岡京市の境を流れる小畑川は暴れ川で、何度も洪水により橋が流されたため通行料をとったという（　49　）橋がある。これは日本最初の有料橋といわれている。（　41　）川にかかる（　50　）橋は久御山町と八幡市を結んでいる人道橋で、通称「流れ橋」として知られている。

**(41) 解説**

　京都府と大阪府との境界近くで、桂川、宇治川と合流するのは木津川＝写真＝。三重、奈良県境の布引山脈に源を発し、鈴鹿山系から流れ出る諸河川を集めて伊賀市北部を西行、京都府に入ると笠置、加茂を経て山城盆地を貫流、八幡に至り、三川が合流した後は淀川と名前を変えて大阪湾に注ぐ。古来、これら河川を利用した水運が盛んで、人馬・産物の往来を活発にして、地域の発展に大きく寄与した。三川合流点近くに設けられた山崎津は、古くは長岡京、平安京の外港の役割を果

たし、江戸時代には淀川を三十石船が上り下りして、大坂と京を結ぶ中継地として大いににぎわった。

**41 解答例　木津**

**(42) 解説**

　比叡山麓から流れ出し、京の街に風光明媚な景観を生み出す白川の清流は、祇園のお茶屋街に一層の趣を加える。中でも6月に祇園放生会が営まれる巽橋＝写真＝辺りは、写真愛好家らがシャッターチャンスを狙う京都指折りの観光スポット。橋は江戸時代後期に架けられた木製のものが始まりで、その後、土の橋を経て、昭和32年（1957）にコンクリート製で木製欄干の現在の橋が完成、同57年に路面が石畳に整備された。白川沿いに植えられた枝垂れ柳や桜が彩りを競い、近

くに芸事上達の神・辰巳大明神の祠や祇園を愛した文人・吉井勇の歌碑が立つなど、見どころがいっぱいだ。

**42 解答例　巽**

**(43) 解説**

　北白川特産の白川石でできた萬世橋＝写真＝が、参道を横切る白川に架かるのは**北白川天神宮**で、創建時期は不明だが、飛鳥時代に現在地より南西の久保田の森に「天使大明神」があったとの伝承があり、延喜8年（908）銘の鉾が伝わることから、それ以前の開創とみられる。室町時代に将軍・足利義政が社殿を現在地に移し、江戸寛文年間（1661〜73）に白川照高院の道晃法親王が天使大明神から天神宮に改称、祈願所とした。皇室とのつながりが深く、神輿や御旅所の建物に

菊の紋飾りが施されている。萬世橋は明治27年（1894）建造で、擬宝珠に菊花紋が刻まれたアーチ橋。

**43 解答例　北白川天神宮**

**(44) 解説**

　父の角倉了以と共に、高瀬川の開削に力を尽くしたのは長男の**素庵**で、慶長16年（1611）から足かけ4年で、京都市中と伏見を結ぶ全長約10キロの物流運河を完成させた。高瀬川はこの後、大正9年（1920）まで約300年間、京都―大阪の水運に活用され、最盛期の通航量は1日170艘にも上った。

　父と手を携え、貿易商、土木事業家として腕を振るった素庵だが、文人としての足跡も際立つ。儒学を藤原惺窩、書を本阿弥光悦に学び、俵屋宗達とも親交を結んで、光悦の書と宗達の下絵が美しい豪華本「嵯峨本」の刊行や、活版印刷にも手を染めるなど、晩年は文化芸術活動に没頭した。光悦に学び、自ら角倉流を創設した能書家としても知られる。

**44 解答例　素庵**

**(45) 解説**

　京都観光で一、二の人気を誇る嵯峨・嵐山のシンボルといえるのが渡月橋＝写真＝で、その起源は承和3年（836）、空海の弟子**道昌**が大堰川の改修にあたって架けた橋に由来する。道昌は川の南にある行基開創の葛野井寺で求聞持法を修めて同寺に虚空蔵菩薩を安置、寺は後に法輪寺に名を改めたことから橋もその名にちなみ法輪寺橋と呼ばれるようになった。渡月橋と名付けられたのは後のことで、亀山上皇（1249〜1305）が口にした「くまなき月の渡るに似る」の例えによる、

とされる。現在の橋は昭和9年（1934）に完成した鉄筋コンクリート製桁橋だが、景観に配慮して木製高欄が用いられている。

**45 解答例　道昌**

---

**(46) 解説**

　天台宗の僧侶で法力の持ち主として知られる浄蔵貴所の父とは、平安時代前期に活躍した漢学者で文章博士、大学頭などを務めた**三善清行**（キヨツラとも）。道理を貫き、権威にも屈しない硬骨漢とされるが、菅原道真に引退を勧め、道真失脚後に文章博士に取り立てられたことから、政変の黒幕とも見られてきた。

　一条戻橋で清行が一時蘇生したとの説話は、「橋を渡る葬列に出遭った浄蔵が祈祷を行うと、父が息を吹き返した」と『撰集抄』巻7に記され、「戻橋」の名の由来ともなった。ほかにも、渡辺綱と鬼女の出会い、安倍晴明が式神を橋の下に住まわせたなど、この橋にまつわる怪異譚は数々残る。

**46 解答例　三善清行**

## (47) 解説

　中立売通の堀川に架かるのは**堀川第一**橋（ほりかわだいいちきょう）＝写真＝。二条城と御所を結ぶため江戸時代に架けられた擬宝珠高欄付木製の中立売橋（公儀橋）に由来するが、明治新政府の誕生で幕府から京都府に引き継がれ、明治6年（1873）、石造りの「永久橋」に架け替え、現在の名に改められた。全国でも稀な真円型のアーチ橋で、土木学会の選奨土木遺産、京都市有形文化財の指定を受けている。

　全長約14メートル、全幅約8.2メートル。欄干の親柱に明治6年の刻銘と京都府知事長谷信篤、同参事槇村正直の名に加え、施行担当者の名も記されている。

**47 解答例　堀川第一**

## (48) 解説

　鷹峯山中を水源とする天神川の流域で北野天満宮付近から上流は、**紙屋**（かみやがわ）川の名で呼ばれる。元は平安京の西堀河にあたり、平安時代には川のほとりで朝廷御用の紙を漉く紙座が組織され、それを取り締まる紙屋院が設けられていたことから名付けられたと伝わる。

　ほかにも、柏野（かえの）の地を通るので柏川、朝廷の重要な祭儀の前にはこの川の上流で潔斎（散斎＝あらいみ）を行ったことから荒見川との名称もあった。

　豊臣秀吉が都市改造政策として築いた御土居は、紙屋川を京域西端の境界とし、北野天満宮西側に残る御土居はその堀として紙屋川が使われていた。

**48 解答例　紙屋**

**(49) 解説**

　向日市と長岡京市の境界を流れる小畑川は、古来より洪水のたびに橋が流され、その都度新しく架け替えられた。橋があるのは西国街道が通る交通の要衝にあたり、ときの室町幕府は橋守を置いて橋の通行料を徴収した。その橋が今も両市境に架かる**一文橋**＝写真＝で、通行料の額からそう呼ばれたという。

　一文橋にまつわる逸話も数々残る。泳いで川を渡ったのが見つかればその場で斬り捨てられたそうで、「夜になると多くの人魂が川筋を飛び交った」とか、「無賃通行をわざと見

過ごす橋守もいて、その名が半兵衛だったことから、知らぬ顔の半兵衛という言葉が生まれた」というものなどがある。

**49 解答例　一文**

---

**(50) 解説**

　久御山町と八幡市を隔てる木津川に架かる人道橋で、通称「流れ橋」で知られるのは**上津屋橋**＝写真＝。昭和28年（1953）に完成した全長約356.5メートル、幅約3.3メートルの木製橋梁で、手すりや欄干はなく、横に渡された橋板がワイヤーロープでつながれて橋脚の上に置かれ、増水すれば流れ出す構造になっている。同様の橋は全国にあるが、この橋が日本最長で、遠くから見物客も訪れ、時代劇のロケに使われるなど、知名度は抜群。

　架設以来、橋の流失は23回にのぼり、永久橋への架け替え

も検討されているが、橋が流れることで観光客を呼び込む効果もみられることから、現状の保存を望む声も多い。

**50 解答例　上津屋**

6 京都の古墳について、（　　　）にあてはまる最も適当な語句を書きなさい。
（1）～（5）（2点×5問＝10点）

| 古墳名 | 地域 | 内容 |
|---|---|---|
| 芝ヶ原古墳 | （ 1 ）市 | 古墳時代初頭、3世紀前半の築造と考えられる前方後方墳で、出土品は重要文化財に指定されている。 |
| （ 2 ）古墳 | 京丹後市網野町 | 4世紀後半～5世紀初頭の前方後円墳。日本海三大古墳の一つとされ、全長が約200メートルある。 |
| （ 3 ）古墳 | 長岡京市 | 古墳時代中期の前方後円墳。乙訓地域では最大の古墳で、全長が約128メートルある。鉄製の武器が多量に出土し、その出土品は京都府の有形文化財に指定されている。戦国時代には山崎の戦いの舞台にもなった可能性がある。 |
| 千歳車塚古墳 | 亀岡市千歳町 | 6世紀前半の築造と推定される前方後円墳。口丹波地方では最大の古墳で、全長が約80メートルあり、丹波国一之宮である（ 4 ）の近くに位置する。 |
| 蛇塚古墳 | 京都市右京区 | 7世紀頃築造の前方後円墳で、墳丘封土が失われ、後円部の石室が露出している。玄室の床面積は日本4位の規模で渡来系氏族の（ 5 ）氏の首長の墓と目されている。 |

3級

2級

1級

**(1) 解説**

　京都府**城陽**市には古墳時代前期から中期にかけての多数の古墳が存在し、「久津川古墳群（平川古墳群）」と呼ばれている。同古墳群の支群の一つが芝ヶ原古墳群であり、そこに含まれる芝ヶ原12号墳が著名なため、単に「芝ヶ原古墳」というとこの12号墳のことになる。この古墳は前方後方墳で、後方部は長辺約21メートル、短辺約19メートルを測る。ただ、前方部の先端が破壊されているため、全長は正確には分からない。副葬品には銅鏡1面、銅釧2点、玉類などがある。特に銅釧は突起が鋭い形状で注目された。推定年代は3世紀で、古墳出現期にあたることが重要である。

1　解答例　城陽

**(2) 解説**

　京都府北部の旧・丹後国には多数の古墳が分布する。特に、京丹後市網野町の**網野銚子山**古墳（全長約200メートル）、同市丹後町の神明山古墳（全長約190メートル）、与謝野町の蛭子山古墳（全長約145メートル）は屈指の規模を誇る前方後円墳であり、「日本海三大古墳」と呼ばれることがある。いずれも、4世紀後半から5世紀初頭の古墳時代前期末から中期初頭にかけて築造された。網野銚子山古墳は、当時にはその近くまで海が迫っており、入江を利用した良港（「潟港」）が存在したと推定されており、被葬者は日本海の水運に大きな役割を果たした豪族であると考えられる。

2　解答例　網野銚子山

**（3）解説**

　京都府長岡京市の**恵解山**古墳は全長約128メートル、乙訓
地域では最大、京都府南部でも屈指の規模を誇る前方後円墳
である。築造時期は5世紀前半である。後円部の埋葬主体は
破壊されてしまっているが、おそらく竪穴式石室だったので
あろう。前方部には副葬品埋納施設があり、長大な木箱に
150本以上の鉄刀および鉄剣、約400本の鉄鏃を着装した矢が
入れられていた。この点で、被葬者の武人的な性格を推定す
ることができる。古墳は長岡京市によって築造当初の様相に
復元され、現在では史跡公園として公開されている。

3　解答例　恵解山

**（4）解説**

　京都府亀岡市千歳町に千歳車塚古墳と呼ぶ前方後円墳があ
る。全長約80メートルを測り、丹波地域では最大級の古墳で
ある。埴輪や葺石があることは知られているが、発掘調査が
されていないために埋葬主体は不明である。築造は古墳時代
中期の5世紀中頃であろう。同古墳の東方約750メートルの
ところには丹波国一之宮である**出雲大神宮**（出雲神社）があ
る。大国主神を主祭神とし、同じ神を祀る島根県の出雲大社
（杵築大社）との深いつながりが伝えられている。現在の本
殿は室町時代前期の造営であり、重文に指定されている。

4　解答例　出雲大神宮

**（5）解説**

　右京区太秦に所在する蛇塚古墳＝写真＝はもともと全長約75メートルの前方後円墳であったが、大正時代に墳丘が削平され、巨石を使用した横穴式石室が露わになった。石室の全長は約17.8メートル、全国でも屈指の規模である。こうした巨石横穴式石室は、奈良県明日香村の石舞台古墳の石室にちなんで「石舞台式」と呼ばれている。ただ、石舞台古墳は方墳であるのに対して、蛇塚古墳は伝統的な前方後円墳の墳形である。蛇塚古墳を含む嵯峨野・太秦古墳群は5世紀末から

7世紀前半まで造営が継続し、アジア大陸からの渡来系集団であった秦氏の墓であったと推定されている。

**5 解答例　秦**

**7** 京都出身で、京都以外でも活躍した人物について、（　　　）に入れる最も適当な語句を書きなさい。（1）～（5）（2点×5問＝10点）

**問1** 林羅山は江戸初期の儒学者で、慶長12年（1607）に徳川家康の侍講となり、4代の将軍に仕え、幕府の土台作りに関わった。江戸忍岡の私塾はのちに昌平坂学問所に発展していった。祇園祭の南観音山で知られる（　　　）町は誕生の地とされ、邸宅跡を示す駒札がある。

　**百足屋町**＝写真は邸宅跡駒札＝は、新町通の錦小路通から蛸薬師通までの両側に広がる地域で、町名の由来は「むかでやという屋号の豪商が住んでいたから」とされる。新町通は古くから呉服の大店が軒を連ね、祇園祭の山鉾・南観音山も豪商らの経済力が支えていた。

　林羅山（1583～1657）は建仁寺で学び、22歳で初めて徳川家康に謁見。大坂の陣につながった方広寺鐘銘事件では勘文作成に関わったとされる。35歳からは活動の中心を江戸に移し、将軍家光の時代には武家諸法度（寛永令）を起草している。

百足屋町には、安土桃山時代から京都3長者の一人と呼ばれた糸割符商人で徳川家の呉服師、茶屋四郎次郎が邸宅を構えた。茶屋家は初代清延から6代・180年間にわたり町内に居住。明治、大正時代に実業家、政治家として活躍した田中源太郎の邸宅もあった。

1　解答例　百足屋

問
2

（　　　）は伏見稲荷の社家の出身で、国学の四大人（しうじん）の一人に数えられる。元禄13年（1700）に江戸に赴き、歌学や神道の講説をした。神田明神（東京都千代田区外神田）には、江戸で初めて国学を説いたことを記念する「国学発祥の地」の碑がある。

荷田春満（かだのあずままろ）（1669〜1736）は、賀茂真淵、本居宣長、平田篤胤らと共に国学四大人の一人に数えられ、歌人としても知られる。国史、古典の研究を究めて復古神道を唱え、後の国学完成につながる基礎を築いた。

伏見稲荷大社の祠官羽倉家に生まれ、漢学を学んだ後、古典研究に移る。万葉集や古事記、日本書紀の実証主義的な考証を進め、妙法院宮尭延法親王に歌道を進講。江戸に出て神祇道や歌道の教授したことで名声が高まった。京都と江戸を往復しながら、近世国学を発展させ、古学の領域を広げることに腐心した。徳川吉宗の命を受け、幕府所蔵の古書の校合や鑑定などに携る。国学研究の学校開設を幕府に訴えた上申「創学校啓」は有名。弟子に賀茂真淵がいる。著書に『万葉集僻案抄』『春葉集』など。伏見稲荷大社外拝殿南側には、春満を祀る東丸神社（あずままろ）があり、隣接する春満旧宅は国の史跡。

2 解答例　荷田春満

**7** 京都出身で、京都以外でも活躍した人物について、（　　　）に入れる最も適当な語句を書きなさい。

**問 3**

明治を代表する関西の実業家の一人である（　　　）は、百三十銀行、南海鉄道、大阪紡績など多数の会社の設立、経営に参画した。明治34年（1901）からの恐慌で銀行が破綻すると、全財産を投げ出して弁済にあて、以後実業界に戻ることはなかった。現在の京丹後市丹後町間人の出身で、生家跡に記念碑が建立されている。

<ruby>松本重太郎<rt>まつもとじゅうたろう</rt></ruby>（1844〜1913）＝写真は生家跡の記念碑＝である。百三十銀行をはじめ20数社の役員に就いていた。同じ明治時代に実業家として活躍した渋沢栄一と並び称せられ、「東の渋沢、西の松本」と呼ばれた。ただ、城山三郎の小説「気張る男」の主人公として描かれたものの、今ではあまり知られていない。丹後の間人の農家に生まれ、10歳で京都の呉服商に奉公。その後、大阪に移り呉服商で商売の術を身につけ、独立して洋反物の取引で成功した。巨利を得て創設した第百三十国立銀行（後の百三十銀行）を足場に紡績、鉄道など新しい事業に投資していった。しかし、日清戦争後の恐

慌で破綻、私財を投じて不良債権整理に充て、経済界から身を引いた。多数になった企業の統治に失敗したが、一方でベンチャー企業を支援する銀行の役割を果たした先がけとして再評価されている。

3　解答例　松本重太郎

**7** 京都出身で、京都以外でも活躍した人物について、（　　　）に入れる最も適当な語句を書きなさい。

**問4**

モルガンお雪は祇園の芸妓であったが、明治37年（1904）にアメリカ人の富豪ジョージ・デニソン・モルガン（モルガン財閥創始者の甥）に求婚され渡米した。当時、「日本のシンデレラ」と呼ばれ評判となったが、その生涯は波瀾に満ちたものであった。お雪が信仰したといわれる（　　　）神社は、「働く女性の守り神」として信仰されている。

　米国の大富豪に見初められ、結婚・渡米と人生の階段を駆け上って、「日本のシンデレラ」などと称されたモルガンお雪が信仰を寄せたのは、**折上稲荷**神社（山科区西野山）。江戸時代末期に孝明天皇の女官たちがそのご利益にあずかったことから、「働く女性の守り神」として多くの参拝者を集めている。

　明治生まれの祇園の芸妓が米財閥創始者の甥と結ばれ、「玉の輿」とうらやまれたお雪も、米国で帰化が認められず戻った故国では、もの珍しげに見られ、渡欧してパリに暮らすも、夫の死や第二次世界大戦の勃発で帰国すれば軍政下で財産没収と苦難の連続。そんなお雪が晩年の心の支えとしたのが信仰の生活で、カトリックの洗礼を受ける一方、先祖供養に東福寺塔頭同聚院を訪れ、折上稲荷社にも参拝を欠かさなかったという。

4　解答例　折上稲荷

京都出身で、京都以外でも活躍した人物について、（　　　）に入れる最も適当な語句を書きなさい。

**問5**

父親が映画監督であったことから京都市で生まれ育った（　　　）は、俳優として活躍したのち、51歳の時に『お葬式』で映画監督デビューして高い評価を受けた。以後、『タンポポ』、『マルサの女』など10作品を監督した。その他、エッセイスト、イラストレーターなど様々な方面で活躍した。

映画『お葬式』『タンポポ』『マルサの女』の監督といえば、**伊丹十三**（1933〜97）である。映画監督であり、映画『無法松の一生』の脚本も手がけた伊丹万作を父にもち、映画都市であった京都市に生まれた。小学校時代の同級生に日本画家の上村淳之がいる。京都府立京都第一中学校（現・府立洛北高等学校）在学中に父が死去。府立山城高等学校に進学するが、両親の故郷である愛媛県松山市に転居し高校時代を過ごす。松山東高等学校2年生の時、同学年に転入した大江健三郎と出会い、後にノーベル賞作家となった大江が伊丹から大いなる影響を受けたことは有名である。伊丹十三はその後、商業デザイナーなどを経て俳優、エッセイスト、また音楽や料理に通じる趣味人としても知られたが、それらのマルチな才能をオリジナル脚本による10本の監督作品に開花させた。現在、愛媛県松山市に伊丹十三記念館がある。

5　解答例　伊丹十三

3級

2級

1級

**8** 新選組について150字以上200字以内の文章で書きなさい。（10点）

（「清河八郎率いる新選組の前身となった組織」「屯所となった八木家の当主」「会津藩の本陣のあった寺院」「襲撃した三条小橋の旅籠」「山南敬助の墓がある寺院」の名称は必ず含むこと）

　幕末、浪士は万延元年（1860）の桜田門外の変をはじめとして、要人や外国人の殺傷を繰り返しており、江戸幕府はその対処に苦慮していた。文久2年（1862）、幕府はこれら浪士の中から有能な者を取り立てて、来たる西洋との戦争（攘夷）に従事させようとした。

　攘夷の具体的日程を天皇と話し合うための将軍家茂の上洛が決まると、浪士取立は具体化した。翌年2月、**浪士組**約230名は、家茂護衛と大坂での対外戦争に備えるため先行して上洛。宿舎は洛中西端の壬生に置かれ、**八木源之丞**（丞とも）方や前川荘司方などを宿舎とした。

　同年3月、浪士組本部は帰府するが、芹沢鴨や近藤勇ら約20名は認められて残留。**金戒光明寺**にあった京都守護職会津藩・松平容保に所属し、禁裏守衛と政局混乱を防ぐ活動を開始した。このころは壬生浪士などと呼ばれた。

　孝明天皇の意思により、同年の八月十八日政変で長州藩が京都政局から排除されると、禁裏御守衛総督の一橋（徳川）慶喜、守護職会津、京都所司代桑名藩松平定敬らがその意思を重んじて、長州復権をのぞむ勢力と対峙する。これを一会桑勢力と呼ぶ。新選組と名を改めた壬生浪士は、一会桑勢力下の精鋭軍事力として機能した。その活躍は親長州浪士たちを鎮圧した**池田屋**事件、長州藩が復権を求めて挙兵した甲子戦争（禁門の変）などで知られる。局長近藤はこれを束ねる有能な政治家として京都で重きをなした。

　種々の事情で落命した隊士の墓碑は壬生の**光縁寺**などに残る。

【解答例】

　新選組の前身となった<u>浪士組</u>は、屯所となった壬生の<u>八木源之丞</u>らの家に分宿したが、引率した清河八郎が、隊を尊王攘夷運動に利用しようとしたため解散となった。しかし、残った近藤勇ら13人は、会津藩の本陣であった<u>金戒光明寺</u>に出向いて、藩主の許可を得て新選組が誕生する。以後、三条小橋の<u>池田屋</u>を襲撃し、尊王攘夷の志士を捕縛して名を挙げた。隊士は亡くなると<u>光縁寺</u>に葬られ、総長を務めた山南敬助の墓も残っている。

3級

2級

1級

**9** 下鴨神社（賀茂御祖神社）について150字以上200字以内の文章で書きなさい。（10点）

（「5月5日に行われる葵祭の神事」「足つけ神事とも呼ばれる夏の行事」「境内の社叢」「鴨長明ゆかりの摂社」「門前で販売されている神饌菓子」の名称は必ず含むこと）

　下鴨神社（賀茂御祖神社）は、上賀茂神社（賀茂別雷神社）と共に賀茂氏祭神を祀る神社で、両社は賀茂社と総称され、山城国一之宮として格式を誇ってきた。創建時期は不明だが、崇神天皇7年に瑞垣を修造したとの記述が残り、賀茂祭（現在の葵祭）は6世紀の欽明天皇の時代が始まりと伝えられる。

　年間通して数ある神事の中で、ハイライトは京都三大祭、日本三大勅祭の一つに数えられる葵祭。5月に入ると、3日の流鏑馬神事、5日には祭の安全を祈願して矢を射る**歩射神事**、12日に祭神の荒御霊を迎える御蔭祭があり、王朝風俗の優雅な列が都大路を練る15日の本祭でクライマックスを迎える。

　夏で人気を集める行事が、7月の土用の丑の日にある**御手洗祭**。境内末社の社前の池に参拝者が足を浸して穢れを払い、息災を願う。夜は灯明が水面を照らし、人々を幽玄の世界に誘う。

　四季を問わず境内散策に格好の場所が、社叢の**糺の森**で、賀茂川と高野川が出合う一帯に広がる約12万4千平方メートルの地に古代から続く植生が今に残る。境内社で、両河川の合流点から名を取った**河合神社**は、祭神が玉のように美しかったとされる玉依姫命で、美麗祈願の鏡絵馬を求める人たちが訪れる。同社は鴨長明が神官だったことでも知られ、長明が晩年を過ごした建物を再現した庵が展示されている。

　御手洗祭にちなみ、池からわき出す水の泡をイメージして作られた神饌菓子の「**みたらし団子**」は、門前の茶屋で味わえるだけでなく、今や全国各地で見られる人気商品である。

【解答例】

　下鴨神社で最大の例祭は葵祭であり、その一環として5月3日に流鏑馬神事、5月5日は歩射神事が行われる。7月の土用の丑の日には御手洗池にて足つけ神事とも呼ばれる御手洗祭が行われ、暑気払いと無病息災を祈願する。この池に湧く水泡をかたどって作られた神饌菓子はみたらし団子で、門前名物として親しまれている。境内の社叢は糺の森と呼ばれ、この南側に位置する摂社である河合神社には、鴨長明ゆかりの庵が再現されている。

**10** 岡崎公園について150字以上200字以内の文章で書きなさい。(10点)

（「公園の基となった明治28年（1895）に開催された殖産興業を目的とした催し」「平安神宮の正面の神門」「公園内に存在した六勝寺のうち、鳥羽天皇の御願寺」「公園内に顕彰碑のある陶磁器や七宝の釉薬などの新技術を指導した外国人教師」「今年（2020）5月にリニューアルオープンした美術館」の名称は必ず含むこと）

　京都市の岡崎公園（左京区）のもとは、明治28年（1895）に殖産興業を目的に開催された「**第4回内国勧業博覧会**」の会場となったことにある。この年は平安奠都千百年紀念祭も岡崎で開かれ、平安京の朝堂院を縮小して模した大極殿や**応天門**などの建物が建築された。後に、これらは平安京を造営した桓武天皇を奉祝する平安神宮となり、重文に指定されている。当時の岡崎一帯は水田とカブラ畑が広がるばかりであったが、平安時代には白河天皇の御願寺である法勝寺や、鳥羽天皇が創建した**最勝寺**など、「勝」の字が付く6つの寺院、いわゆる六勝寺があった。その跡地を示す石碑が公園内に見られる。公園には、ほかにも明治時代の京都で陶磁器や七宝の釉薬などの新技術を指導したドイツ人のゴットフリート・**ワグネル**を称える顕彰碑がある。また、京都市動物園や京都市勧業館（みやこめっせ）、京都府立図書館、京都国立近代美術館が並ぶ。近年、京都会館が改築され、オペラも上演できるロームシアター京都として再生、周辺も開放的空間に整備された。令和2年（2020）5月には京都市美術館が**京都市京セラ美術館**と名称を変えてリニューアルオープンした。昭和8年（1933）に開館した帝冠様式の本館を最大限保存しつつ現代的なデザインを加味しており、京都らしい伝統と革新を象徴している。これら改築、リニューアルにより、公園はより多くの市民が集う文化ゾーンとして期待されている。

【解答例】

　岡崎公園にはかつて、白河天皇創建の法勝寺を発端に、鳥羽天皇創建の最勝寺など六つの寺院が並んだという。明治28年には、この地で殖産興業を目的に第4回内国勧業博覧会が開催され、多くの来場者で賑わった。平安神宮の社殿は平安京の朝堂院を模したもので、正面の神門は応天門と呼ばれている。門前には明治期に陶磁器や七宝焼きを指導したワグネルの顕彰碑や、リニューアルオープンした京都市京セラ美術館が建っている。

── メ　モ ──

—— メ　モ ——

問題・解答
# 用語索引

第17回３級・２級・１級の問題および解答中に
出てくる用語を収録しています。

# 参考文献

『遊びをせんとや』『イラスト京都御所』
『京都ふしぎ民俗史』
『古代地名を歩く〜京都・滋賀〜Ⅱ』
『京のご利益さん』『続・京のご利益さん』
『京の伝承を歩く』『新・都の魁』
『京都ことこと観音巡り―洛陽三十三所観音巡礼』
『京を発掘！出土品からみた歴史』
『御土居堀ものがたり』『掘り出された京都』
『意外と知らない京都』
『能百番を歩く　上・下』
『京都の歴史　1〜4』
『千年の息吹き　上・中・下』
『平安京年代記』『京都の地名を歩く』
『史跡探訪　京の七口』『京　天と地と人』
『京の門』『僧医外来へようこそ』
『京都ひろいよみ 京都新聞ダイジュスト vol.1〜7』
『京都検定1級漢字ドリル』
『桂離宮・修学院離宮』
『京都御所　大宮・仙洞御所』
『技と美の庭京都・滋賀 植治次期十二代小川勝june巡る』
『京都ふしぎ民俗史』『京都伝説散歩』
『京都の映画80年の歩み』
『京都　学び舎の建築史』
『京の学塾　山本読書室の世界』
『西国三十三所　草創1300年記念』
『歴史散歩　京に燃えた女』
『名歌　京都百景』
『日本人の忘れもの　知恵会議』
『折々の京ことば』『美術家の墓標』
『福ねこ　お豆のなるほど京暮らし』
（京都新聞出版センター）

『平家物語』『日本歴史12―近世4』
『建築と権力のダイナミズム』
『岩波日本庭園辞典』（岩波書店）

『京都・伝説散歩』『京都故事物語』
『暮らしのなかの妖怪たち』
『日本の風景を歩く』（河出書房新社）

『京都の歴史―6 伝統の定着』
『京都の歴史―8 古都の近代』
『京都の歴史―5 近世の展開』（學藝書林）

『葵祭（賀茂祭）』（京都書院）

『続日本記　全現代語訳』『藤原氏千年』
（講談社）

『日本史小百科19庭園』（近藤出版）

『コンサイス日本人名事典』第4版（三省堂）

『建築大辞典』（彰国社）

『京・まちづくり史』『庭園史をあるく』
『風景をつくる』（昭和堂）

『昭和京都名所図会　1 洛東一上』
『昭和京都名所図会　3 洛北』（駸々堂出版）

『新潮世界美術辞典』（新潮社）

『改訂版 京都・観光文化検定試験公式テキストブック』
『茶庭のしくみ』『古寺巡礼　京都25』
『京・銘菓めぐり』
『茶道文化検定公式テキスト　1級・2級用　茶の湯を学ぶ本』
（淡交社）

『月刊文化財』665号（第一法規出版）

『維新史料綱要』（東京大学出版会）

『京都地名語源辞典』『京都語辞典』
『上方ことば語源辞典』（東京堂出版）

『社寺建築の歴史図典』
『すぐわかる日本庭園の見かた』（東京美術）

『京都奇才物語』『京都「魔界」巡礼』
『京都の「ご利益」徹底ガイド』
『京都人が書いた「京都」の本』（PHP研究所）

『京都市の地名』
『祇園の祇園祭 神々の先導者 宮本組の一か月』
『世界大百科事典』『庭 重森三玲作品集』
（平凡社）

『京都　地名の由来を歩く』（ベストセラーズ）

『完訳 源平盛衰記 1』
『京都の地名 検証2』（勉誠出版）

『京町家の魅力 京町家入門編』
『京の古道を歩く』『京都の洋館』
（光村推古書院）

『京都における歴史学の誕生―日本史研究の創造者たち―』
『七代目小川治兵衛』（ミネルヴァ書房）

『六道の辻あたりの伝説を訪ねて』（室町書房）

『日本史広辞典』（山川出版）

『平家物語』（有朋堂書店）

『国史大辞典』『京都と京街道』

『新訂増補国史大系　日本紀略』（吉川弘文館）

『京都通り名ものがたり』
（洛東タクシーグループ古都研究会）

『新修京都叢書』『京都坊目誌　4』（臨川書店）

『名勝滴翠園記念物保存修理事業報告書』
（本願寺）

『特別展覧会 開館110年記念「美のかけはし―名品が語る京博の歴史」』
（京都国立博物館）

『文化デジタルライブラリー』
（独立行政法人日本芸術文化振興会）

『角川茶道大事典』
『鳥山石燕　画図百鬼夜行全画集』
『保元物語』（角川書店）

『図説建築の歴史』（学芸出版社）

『八坂神社』（学生社）

『古今和歌集』（岩波文庫）

『北野天満宮信仰と名宝　天神さんの源流』
（思文閣出版）

『怨霊史跡考』（敬文社）

『祇園信仰』（朱鷺書房）

『稲荷大神』（戎光祥出版）

『京都の夏祭りと民俗信仰』（昭和堂）

ほか、古典資料、論文、各社寺・施設の公
式ホームページ、駒札など

# 解説執筆

池坊中央研究所

| | |
|---|---|
| ジャーナリスト | 井戸 洋 |
| 文筆家 | 井上 由理子 |
| フリーライター | 岩澤 亜希 |
| 美術評論家・美術史家 | 太田垣 實 |
| 歴史作家・京都ジャーナリズム歴史文化研究所代表 | 丘 眞奈美 |
| プロネット京都代表 | 清原 邦雄 |
| 京都雑学エッセイスト | 黒田 正子 |
| 宇治市歴史資料館前館長 | 坂本 博司 |
| 京都新聞論説委員 | 十倉 良一 |
| 歴史地理史学者 | 中村 武生 |
| 奈良女子大学大和・紀伊半島学研究所古代学・聖地学研究センター協力研究員 | 前川 佳代 |
| 元京都新聞論説委員 | 三谷 茂 |
| フリーライター | 村岡 真千子 |
| 京都芸術大学准教授 | 町田 香 |
| 同志社女子大学現代社会学部教授 | 山田 邦和 |
| 元京都新聞編集委員 | 山本 啓世 |

| | |
|---|---|
| 史実調査 | 井原 悠造、佐々木 教雄、古田 紀子、丸毛 静雄 |
| 校閲 | 山村 純也（株式会社らくたび） |
| イラスト | 小田 塁子 |
| 写真 | 歳森 清 |
| 装丁 | 株式会社チキ・スクリプト |
| 編集協力 | 有限会社サンコー出版、清塚 あきこ |
| 写真協力 | 愛宕神社、粟田神社、安楽寺、岡崎別院、乙訓寺、<br>下鴨神社、化野念仏寺、貴船神社、宮内庁京都事務所、<br>京のふるさと産品協会、京都アスニー、京都観世会館、<br>京都市上下水道局、京都市動物園、<br>京都市文化財保護課、京都踏水会、京都表具協同組合、<br>京都府立図書館、京福電気鉄道、<br>京友禅協同組合連合会、錦天満宮、金戒光明寺、<br>金竹堂、建勲神社、元離宮二条城事務所、今宮神社、<br>三鈷寺、篠村八幡宮、寿宝寺、松竹南座、上賀茂神社、<br>浄禅寺、新風館、崇道神社、正寿院、成就院、<br>生活協同組合コープこうべ、誓願寺、青蓮院門跡、<br>石清水八幡宮、丹後織物工業組合、檀王法林寺、<br>知恩院、池坊中央研究所、長岡京市公園緑地課、<br>白峯神宮、八坂庚申堂、八坂神社、伏見稲荷大社、<br>法界寺、法輪寺、北白川天神宮、妙心寺、無鄰菴、<br>梨木神社、龍谷大学、六道珍皇寺、六波羅蜜寺 |
| 協力 | 京都商工会議所 |

# 第17回 京都検定 問題と解説

| | |
|---|---|
| 発行日 | 2021年6月5日 初版発行 |
| 編 者 | 京都新聞出版センター |
| 発行者 | 前畑 知之 |
| 発行所 | 京都新聞出版センター |
| | 〒604-8578 京都市中京区烏丸通夷川上ル |
| | TEL. 075-241-6192 FAX. 075-222-1956 |
| | http://www.kyoto-pd.co.jp/ |
| 印刷・製本 | (株)図書印刷同朋舎 |

ISBN978-4-7638-0750-2 C0026 ¥1400E
©2021 Kyoto Shimbun Publishing Center
Printed in Japan